保险科技
创新运用与商业模式

许 闲 主编

InsurTech
Innovative Applications and Business Models

中国金融出版社

责任编辑：张清民
责任校对：李俊英
责任印制：陈晓川

图书在版编目（CIP）数据

保险科技创新运用与商业模式（Baoxian Keji Chuangxin Yunyong Yu Shangye Moshi）/ 许闲主编 .—北京：中国金融出版社，2018.9

ISBN 978-7-5049-9645-9

Ⅰ . ①保… Ⅱ . ①许… Ⅲ . ①科学技术 — 保险 — 研究 — 中国 Ⅳ . ① F842.6

中国版本图书馆 CIP 数据核字（2018）第 151972 号

出版发行 中国金融出版社

社址 北京市丰台区益泽路 2 号

市场开发部 （010）63266347，63805472，63439533（传真）

网 上 书 店 http：//www. chinafph. com

（010）63286832，63365686（传真）

读者服务部 （010）66070833，62568380

邮编 100071

经销 新华书店

印刷 保利达印务有限公司

尺寸 169 毫米 ×239 毫米

印张 16.75

字数 240 千

版次 2018 年 9 月第 1 版

印次 2018 年 9 月第 1 次印刷

定价 56.00 元

ISBN 978-7-5049-9645-9

编写组

主　编: 许　闲

统　稿: 王怿丹　刘　馨

执　笔: （以姓名拼音为序）

丁　宇　王广智　方　玺　刘炳磊　刘　淇　刘　馨

许　闲　孙泽一　李文秀　李斌善　杨鉉毅　肖文铨

张永珠　张凇淳　陈　林　陈　贤　陈昱薇　周　峰

赵福相　徐　伟　曹思卿　蔡　彦　管云涛

前　言

波士顿咨询显示，2010 年以来全球保险科技公司总数增至 1700 家，融资总额增至 340 亿美元。保险核心业务包括车险、房屋险等出现爆发式的增长，从比价延伸到服务商的分销机构也得到高速发展。资本市场对保险科技概念的高度关注，促使保险科技初创企业融资规模快速扩张。从全球来看，保险科技初创企业融资的体量和项目数量均有快速增长的趋势。2014 年，中国保险科技初创公司数量大幅增长，2016 年进入创业高峰期，而 2017 年又出现回落。在这些成功融资的保险科技初创公司中，单笔融资额超过 1 亿元的为众安保险、中原农险、信美相互、小雨伞保险、万通保险亚洲、水滴互助、车车车险、国泰产险、大特保、保准牛、意时险、金保盟、慧择及大家保等。

本书介绍了保险科技在全球尤其是在中国的创新运用方法和企业商业模式，全书分为四个部分。第一个部分，保险科技概览，涉及保险科技概念的内涵和发展、对传统保险业的影响与重构以及全球保险科技监管模式，从宏观层面上概览了保险科技的全貌。第二个部分，从保险科技衍生的新产品、保险科技新技术在保险业的应用、保险科技对传统保险业的冲击三个方面展现保险科技与传统保险业对接落实中的可能性与可操作性，并反思在这个过程中出现的新风险。第三个部分，总结国外相对成熟的保险科技运用案例，划分保险中介与保险代理人两个类别，剖析其运作逻辑、商业模式和保险科技应用的亮点。第四个部分，着眼于国内保险科技运用案例，抓住目前中国市场上表现突出的互联网企业与保险业的合作，分别从互联网保险公司、互联网企业布局保险业、国内保险科技产品三个方面进行展示。

本书作者经过对保险科技的深入研究和分析，重点从保险科技运用和保险科技案例两个角度，对保险科技的相关内容进行全面深刻的解读和剖析。保险科技的未来发展空间巨大，潜在的可能性尚无止境，它将为全球带来保险业的革新，让传统保险业焕发出勃勃生机。本书致力于服务多样化的读者群：一是有助于保险从业人员更好地了解保险科技原理。二是有助于科技公司或者希望进入保险业的其他行业人员了解保险业发展的痛点以及保险业与科技结合改良业态的潜在机会。三是有助于国内保险科技一线人员了解国际保险科技的最新动态与发展。四是由于目前保险科技的相关论著较少，本书也可以作为科研院校的学生、研究者了解保险科技的相关读物。

2018年3月，第十三届全国人民代表大会第一次会议批准国务院机构改革方案，设立中国银行保险监督管理委员会作为国务院直属事业单位，不再保留中国银行业监督管理委员会和中国保险监督管理委员会。2018年4月，中国银行保险监督管理委员会正式挂牌。因本书所涉及的内容均为机构改革前，故书中保险监管机构名称仍用保监会。

目录

第一部分　保险科技概览

第二部分　保险科技内涵与应用

◆ 第四部分　国内保险科技运用案例

第一部分　保险科技概览

从 FinTech 到 InsurTech：科技可能对保险业的颠覆

许　闲

如何定义 InsurTech？笔者认为，InsurTech 是保险业中不同的生态主体（既包括传统保险公司，也包括科技相关初创企业等）将不同的科技产品和技术（包括人工智能、区块链、云计算、物联网、大数据、基因检测等）通过“互联网 +”应用到整个保险业固有的生产或者是经营的过程中，改变行业原有的一些痛点，从而改进整个行业生态。

InsurTech（保险科技）是从 FinTech（金融科技）演化而来的，初期的 InsurTech 只是 FinTech 这个框架中的一小部分而已。但在 2008 年国际金融危机后，一些风投机构很敏锐地捕捉到这个市场，它们发现 FinTech 很多创新成果可以用在 InsurTech 中。近年来，针对 InsurTech 的融资规模不断上升，尤其是 2011 年（有人把 2011 年作为 InsurTech 的元年）的融资规模大幅上升，个别保险科技公司已经到了 C 轮、D 轮融资轮次。

保险科技对保险生态的影响显著体现在以下两个方面。

一是专业保险科技企业的相继成立。传统保险公司已经意识到保险科技或者是科技可能给它们带来的机遇与挑战，相继创立了自己的保险科技公司，比如众安科技、平安科技、太平电商、太平洋在线、泰康在线、中国人寿等。在国外，保险公司在开设保险科技公司的同时，会专门设立一个创新事业部以应对创新科技的发展。美国很多融资非常成功的 InsurTech 初创

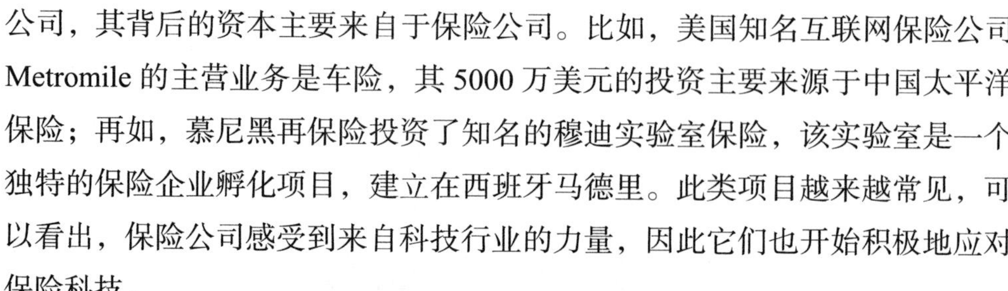

公司，其背后的资本主要来自于保险公司。比如，美国知名互联网保险公司Metromile的主营业务是车险，其5000万美元的投资主要来源于中国太平洋保险；再如，慕尼黑再保险投资了知名的穆迪实验室保险，该实验室是一个独特的保险企业孵化项目，建立在西班牙马德里。此类项目越来越常见，可以看出，保险公司感受到来自科技行业的力量，因此它们也开始积极地应对保险科技。

二是保险中介机构受到较大冲击，大量的保险比价平台的出现，使得保险中介机构未来的生存空间越来越小。投保人可以不需要通过中介，而仅仅运用人工智能获取保险服务。那么保险中介机构未来的业务模式是什么？一方面，它们会面临巨大的挑战；另一方面，它们也会迎来很大的机遇。保险中介机构当前服务的大多是大客户，很少面向普通民众，随着保险科技的发展，未来的保险中介机构可以发展更多的普惠金融业务。此外，如果能完成场景化的营销，保险科技有望改变现在被动的保险需求，转变成为一种主动的保险需求。比如，用户在美国通过互联网租车，互联网会提供一个场景告诉用户，如果在租车过程中出险，保险可以覆盖在没有保险的情况下必须由用户自己承担的上万美元负担。这将促进用户更加主动地购买相关保险，这也是未来保险科技对消费者主动需求的一种改变。

保险市场吸引了众多的其他行业巨头，这是保险生态会改变的另外一个很重要的原因。当前，国内的百度、阿里、京东、腾讯都在布局保险业，而国外的比如沃尔沃这样的传统车企也开始提供保险服务，未来可能会有更多的行业巨头跨界到保险业。

笔者对1300多家保险初创公司或者InsurTech企业进行了梳理，大致分出四种不同类型的保险创新，以及15种不同形式的创新模式。

第一种创新主要集中在产品创新上，包括对车险定价和企业的商业险创新。譬如共享经济下，共享单车如何解决保险问题？滴滴出行如何解决保险应用？Airbnb通过与保险公司合作，向房主提供财产保险，解决了房屋在预订住宿期间可能产生的损失问题。

第二种创新表现在保险营销上，比如保险比价。传统的保险都属于非标准化设计，保单的价格差异体现了风险差异，但个人很难对保险产品进行比价。通过大数据的应用，平台可以对一些原本难以量化的数据进行比较，这也是保险营销在未来的一个主要的发展方向。

第三种创新体现在企业运营中，比如保险管理平台。目前在中国香港或境外的居民平均有 5 张以上的保单，而这些保单可能来自于不同的保险公司，因此客户很难通过单个保险平台综合管理其拥有的所有保险产品。未来可能出现一款能够实现个人保单统一管理的 APP，打破各个公司间的壁垒。

第四种创新集中于一些保险数据和智能平台，这也是很多大数据公司想要进入保险业的切入口。这些数据公司可以提供保险基础设施、后端支持、云计算等服务，但其进入保险业需要既懂技术又懂科技，还要懂保险，难度比较大。

目前很多国家和地区对保险科技的支持力度非常大，比如中国香港保险业监理处专门设立了一个金融科技联络小组，每个审核通过的 InsurTech 初创企业能获得政府的 1000 万港元资金的扶持。新加坡金融管理局则成立了金融科技小组，专门对接新型金融科技企业，还准备了资金 2.25 亿新加坡元扶持金融保险科技公司。英国采用的是另外一种形式，称为“沙盒监管”，即由政府划定一个特定实验区域，在这个区域支持创新公司做任何的创新实验，并对这些保险初创企业给予税收和投资上的优惠。美国在 2017 年 1 月发布了关于推动金融保险科技发展的 10 项原则，从中可以看到，美国政府的推动力度特别大，其正在竭力打造下一个金融业的发力点，而这个发力点正是金融科技或者保险科技。

保险科技（InsurTech）如何重构保险生态圈

许　闲

一、从 FinTech 脱颖而出的 InsurTech

随着大数据、云计算、区块链、人工智能、移动互联等新一代信息技术的发展和应用，金融科技（FinTech）风起云涌，不仅提升了金融工作效率，优化了金融服务体验，而且改变了人们的生活。

作为金融业中的重要领域，保险业的发展与信息技术变革正在发生共振，保险业进入一个更广阔的全新发展领域。近年来，保险科技（InsurTech）从金融科技的讨论范畴脱颖而出，成为保险业界、科技界、学术界、资本市场和监管者共同关注的重要话题，许多国家相继成立专业机构或者创新特区，并且给予保险科技税收优惠或者资金支持等政策扶持，使我国保险科技发展呈现出异军突起的趋势。

保险业被认为是科技对金融领域冲击和运用最广泛的传统金融业。2015年6月，全球知名智库——世界经济论坛（World Economic Forum, WEF）发布了《金融服务业的未来——破坏性创造如何重塑金融服务业结构、供应及消费》，该报告指出科技发展将全面冲击银行、证券和保险等传统金融业，从长期而言对保险业的冲击将是巨大的。

保险科技属于金融科技，但是又不同于金融科技。正如保险业是银行、证券和保险三大金融行业之一，但是又不同于银行和证券业务一样，保险科技诞生于金融科技，属于大金融科技的范畴，但是又不同于金融科技。

FinTech 泛指金融业的技术变革和科技对金融行业的重塑，但是，这个冲击和重塑却是从银行业开始的。开始金融行业所讨论的 FinTech，实际上并没有将 InsurTech 囊括在其中。保险科技之所以没有成为 FinTech 最先发展的行业，原因并不在于保险业本身，而是 2008 年国际金融危机以后，美国的银行业相对于保险业而言遭受到更为严苛的监管，其被迫回到银行主营业务，许多由原来大金融机构所主导的金融科技手段不得不分离出来，给创业者和科技公司提供了巨大的市场。在保险科技没有形成相当大的规模之前，InsurTech 一直在 FinTech 的讨论范围之内。随着保险科技的发展，针对保险公司经营管理和保险业务创新的企业逐渐增加，风险投资相继进入，保险科技所获得的资金投入逐年递增，保险科技和银行科技所获得的资金差距逐渐缩小，InsurTech 成为市场的宠儿，人们对该领域的关注也逐渐增多。

二、保险科技的定义与内涵

目前对保险科技的理解类似于 20 世纪末人们对互联网的理解：大家都能预见 InsurTech 会对未来的人类生活带来重大影响，却又无法详细描述出具体的变化。InsurTech 作为新生事物，其内涵也被一直改变着。根据复旦大学中国保险科技实验室编制的《中国保险科技发展白皮书（2017）》，保险科技（InsurTech）泛指围绕着保险业所涉及的相关新技术和现代科技。因此，保险科技的范围相当广，它并非针对保险公司，也涵盖了许多初创企业、科技公司和其他行业龙头企业结合自身优势所开展的各类保险业务。保险科技广泛运用于保险产品创新、保险营销和保险公司内部管理等诸多方面，既包括平台创新，也包括新科技和新技术的运用。保险科技强调价值的对接和提升，其是建立在新技术、创新科技的基础上成就新的网络技术、数据分析和运营模式创新。

综观现有国际保险科技发展业态和中长期的发展趋势，保险科技是指综合运用人工智能、区块链、大数据、物联网等创新科技，通过对产品创新、保险营销、保险企业管理、信息咨询等渠道改良保险生态，克服行业痛点，借助信息验证、风险测评、核保核赔、医疗健康等应用场景提升保险业相关生态主体的价值。短期保险科技的业态表现为在“互联网 +”基础上的产品、营运和管理等相关创新；中长期保险科技是将更多的新科技运用于保险业以及对保险业态的优化改良或颠覆。《中国保险科技发展白皮书（2017）》认为，未来改变保险业的十大科技包括区块链技术、人工智能、物联网、云计算、大数据、车联网、无人驾驶汽车、无人机、基因检测、可穿戴设备。

三、传统保险业主体积极应对保险科技

传统的保险公司已经意识到保险科技可能会对其未来发展带来新的机遇和挑战，并且正积极地运用保险科技。目前保险公司或者通过部门内部的机构重组建立保险科技公司或研发部门，或者通过投资的形式进入保险科技公司或相关的初创企业。我国许多保险公司已经相继成立了自己的科技公司，比如众安保险成立众安信息技术服务有限公司、太平保险成立太平电子商务有限公司、平安保险成立平安科技、泰康保险成立泰康在线、太平洋保险成立太平洋在线、中国人寿成立中国人寿电子商务公司等。传统公司的跨界合作也逐渐增多，比如众安保险与复旦大学计算机科学技术学院联合成立“区块链与信息安全实验室”，太平洋产险完成对美国 UBI（Usage-Based Insurance）车险服务商 Metromile5000 万美元的投资，成为 Metromile 的战略投资者和战略合作伙伴，等等。

国外许多传统的保险公司通过与初创科技企业合作的方式布局保险科技，这些科技初创企业类型广泛，从智能家居到无人机，从后车市场到金融信托。德国安联（Allianz）通过一款名为 N26 的个人财富管理 APP 承保旅游、航空及手机被盗的风险。慕尼黑再保险公司（Munich Re）投资打造定制化保险的美国 InsurTech 企业——Trov。Cocoon 是一家制造智能家居的企业，它与苏黎世保险（Zurich）合作，只要顾客购买它的智能家居产品，便能从苏黎世保险获得房屋险折扣。好事达（Allstate）与 Openbay 合作，在后车市场提供在线比价。Airware 为州立农业（State Farm）提供无人机解决方案。

保诚（Prudential）通过 Student Loan Genius 平台为初创企业提供保险服务。传统保险公司在成为生态圈的重要组成部分的同时，也面临一些挑战。成熟型企业转型可能面临机构庞大、人员结构老化、知识储备不够、机制体制不灵活等弊端。从这个意义上讲，传统的保险公司未必是保险科技的践行者，也未必是新趋势下的赢家，中小保险公司或者新设立的互联网保险公司反而有望弯道超车或赢取新的发展机遇。

保险中介机构也积极进入保险科技生态圈。一方面，保险科技的发展对保险中介的存在价值（智能投顾、产品比价等保险科技的运用）造成了挑战。以互联网为例，随着互联网与保险的融合程度加深，部分保险业务开始绕开中介机构，中介机构在一些传统保险领域逐渐失去优势；另一方面，保险产品的复杂性和对服务的特殊要求使得保险中介机构的服务又显得尤其重要。因此，保险中介机构或主动或被动地进入保险科技的生态圈中。

目前部分保险中介机构为逐步适应保险科技时代的到来，开始积极进行改革。盛世大联打造“车险代理 + 车后综合服务 +O2O”发展模式，搭建后车市场服务体系。中衡股份成立电子商务部，以“互联网 + 保险公估”为核心实现线下客户信息线上化，并利用该平台分析客户需求，对接到线下服务。万舜股份发展电话呼叫中心、网络销售等业务模式。盛世华诚融合车管家服务与保险代理服务。鼎宏保险组建 PC、APP、微信服务号、Wap 微站四大网络媒介，对接保险公司、线下服务供应商及车主。华凯保险通过 APP 打造 O2O 销售模式。同昌保险将特有的“及时赔”服务互联网化。美国的 Zenefits 公司以人事管理系统为抓手，为中小企业提供健康保险中介服务。早期的 Metromile 也是以保险中介机构的身份联动 OBD（On-board diagnostics）与车险。

保险科技在影响保险业发展的同时，也对保险生态中的另一大群体——保险消费者产生冲击。保险公司提供的多样化的产品和创新险种，将为保险消费者提供更多的市场选择。人们通过场景化体验认知风险，并主动寻找相应的保险产品，成为积极的保险消费者，将被动的保险需求转为积极主动的保险消费。保险公司运用保险比价平台、精准化保险营销以及云计算和大数据等技术能更容易地发现和激发消费者的潜在保险需求，情景化模式的险种推送更能打动消费者，进而产生实际的保险购买行为。

保险消费者和保险公司之间的联系将更加密切，借助物联网、可穿戴设备等技术，消费者从计划购买保险到保险合同的签订、承保期间以及保险理赔整个过程将和保险公司产生密切的联系，与传统模式相比，保险公司与消费者之间能够更有效地进行沟通。保险公司和保险消费者的关系更加密切，保险公司也将参与到消费者的风险意识、行为管理、风险预警等相关的生活中，通过帮助消费者降低保险风险来提高自己的承保利润。保险科技也会通过技术手段进一步保障消费者权益。区块链、大数据的运用使得保险公司的经营管理更加公开透明，保险消费者的权益可以借助新的科技技术得到保障，消费者维权也能得到快速处理，消费者和保险公司、监管者的沟通将变得更加及时有效。

四、科技推动更多新生态主体进入保险业

尽管初创科技企业是保险业的外来者，但是在保险科技方面却是专属领域的领路人。出于保险监管的限制以及对未来发展的探索，初创科技企业抑或开展保险领域供应链上下游的业务，或与保险公司、保险中介机构联手，共同打造保险科技下的新型保险业态。科技初创企业目前在诸多传统领域开启了对保险科技的探索：拥有手机车联网或车载 OBD 技术的 Zendrive 正尝试通过采集的数据为车主制定个性化定价的车险；以天气建模为核心技术的 Climate Corporation 试着改造农业保险；Cape Analytics 利用无人机与卫星采集房屋结构信息，帮助保险公司提高财险查勘效率、降低成本；Oscar Health 通过可穿戴设备鼓励用户培养良好的健康习惯，结合健康保险为用户提供医疗服务；CXA Group 打造基于 SaaS 的人事管理系统，为其他企业的雇主管理雇员的健康问题。

在新兴经济领域，也有保险与初创科技企业的互动。引领共享经济的

Uber 与提供按里程计费车险的 Metromile 联手，通过对比驾驶员车辆的无乘客行驶里程与载客行驶里程，推出适用于 Uber 驾驶员的车险，解决 Uber 在成长过程中的风险问题，这同样也是 Metromile 按里程计费车险的一大重要实践。

科技的发展为其他行业巨头提供了进入保险业的机会，其本身拥有庞大的客户资源或者技术等优势，而且许多巨头本来就是保险公司的大客户，了解保险业务，更加能够从保险消费者的角度体会保险购买行为。例如，汽车厂商会通过自己开发的车载 OBD，运用车联网技术为车险提供个性化定价，逐渐将更多的保险智能纳入自己的体系内。而数字公司在保险科技领域的前进步伐更快，国内的互联网巨头纷纷在近年进军互联网保险领域。2013 年，由蚂蚁金服、腾讯、中国平安等知名企业共同发起成立国内首家互联网保险公司——众安保险，其以技术创新带动保险业发展。2015 年，京东与四川省政府签署战略合作框架协议，计划在四川省设立京东互联网财产保险公司。2015 年，由百度和安联保险牵头，与高瓴资本共同成立一家互联网保险公司——百安保险。腾讯则在 2017 年作为国内第一家互联网寿险公司——和泰人寿的第二大股东参与公司筹建。

跨国科技企业谷歌（Google）作为科技先驱，也从很早便开始了保险科技的布局。谷歌 2012 年投资了 Climate Corporation，2014 年与 Vision Service Plan（VSP）合作，后者是美国一家提供眼科保险服务的公司。2015 年，谷歌的智能家居品牌 Nest 与 American Family Insurance 合作在明尼苏达州发布了一项计划，将 Nest 的烟雾探测器应用到家财险的套餐中，给予保费折扣。2015 年，谷歌先后两次投资云端薪资管理服务供应商 ZenPayroll。2016 年，谷歌投资在线提供住房与出租保险的 Lemonade。

高度竞争的资本市场敏锐地捕捉到保险科技发展的巨大前景，风险资金从原来的互联网金融流向金融科技（FinTech），最近两年又进一步流入保险科技（InsurTech）领域。根据 CB Insights 的数据，近年来保险科技得到资本市场的高度关注，保险科技交易从 2011 年全球范围内的 28 项，增加到 2016

年的 173 项，平均每年增长率为 44.31%。资本流入出现大幅增加，2011 年仅有 1.4 亿美元的资金投资保险科技；2015 年保险科技获得了资本市场最热情的拥抱，122 宗投资交易共获得 26.7 亿美元的投资；2016 年的资本投资为 16.9 亿美元。如果说从资本投资能看出市场对保险科技认可的话，资本市场的投资特征则能从另一个侧面说明保险科技的前景：2016 年 2/3 的保险科技投资交易都发生在创业的前期（种子轮或者 A 轮融资），这些初期融资高达 5.08 亿美元，相较于 2015 年增加 47%。金融投资机构的加入可以帮助保险科技迅速壮大。目前保险科技的创新主体一部分是初创企业，它们在资金来源、公司组织形式和公司管理等方面都显得势单力薄。金融投资机构的加入，能帮助它们理顺股权结构，使其在成立之初便建立良好的公司法人治理结构，避免因后期发展壮大而产生利润分配、股权激励等问题。不过，初创企业还是应该谨慎对待金融投资机构，因为保险科技公司和投资机构的最终目标毕竟不一致，如果在早期没有建立良好的机制设置，可能也会为后期的发展埋下风险隐患。

论保险科技对保险公司业务模式的影响

张永珠

2017 年的《政府工作报告》强调，推动“互联网 +”深入发展、促进数字经济加快成长，让企业广泛受益、群众普遍受惠。数字经济在我国成为一个热词，其发展也在重塑各个行业的核心竞争力。保险科技作为数字经济的重要载体，也成为保险公司改革创新、资本市场争相投资的重要领域。保险科技已经给保险公司的传统业务模式带来冲击，为了更好地顺应数字经济的发展，保险公司的业务模式数字化转型势在必行。

一、保险科技对保险公司业务模式的冲击

保险科技可在销售渠道、新产品设计和定价、理赔风控及运营管理等环节进行数字化塑造，进而对保险公司的传统业务模式进行改造。自 2013 年开始，保监会共审核通过了众安保险、泰康在线、安心保险和易安财险四家互联网保险公司。其中，众安保险 2017 年在香港联合交易所上市，其基于电商大数据消费行为定价开发的退货运费险是业内的一个重要的创新，改变了财险行业的传统定价模式。

另外，互联网保险中介领域的保险科技初创公司如雨后春笋般涌现，成立了类型多样的互联网保险中介平台，比如比价平台、按需保险平台以及 Next Insurance 等，Next Insurance 是一家面向中小型企业的在线保险平台，与中小型企业主和自由职业者建立“直接联系”，重点发展特定领域保险，比如为健身私教、设计师和摄影师等目标群体提供执业责任保险。与保险公

司相比，这些互联网保险中介平台具有业务开展方式灵活、市场反应敏捷等特点，它们主要开展线上业务，一方面直接面向客户了解其真实需求，据此定制保险产品；另一方面，面向保险公司，对接产品的开发设计、承保理赔等客户服务事宜。互联网保险中介平台在一定程度上形成对保险公司原有渠道的补充，为保险公司和客户提供更好的衔接服务。

随着保险科技运用领域的不断扩大和深入，给保险公司的传统业务模式带来很大的冲击和挑战，更加凸显出传统业务模式的不足，笔者认为主要有以下几个方面。

一是保险前端销售方面。财险、寿险的直销业务展业方式除电销、网销外，还有依靠销售人员登门拜访等方式向客户进行产品介绍，从拜访、签订投保单到递送签收保险合同，促成一单业务经常需要往返于客户处多次，极大地降低了展业效率，同时客户面对的只是一家保险公司，对保险产品不能进行对比，也会影响客户的决策效率。

二是保险销售管理、风险管理和核保管理方面。由于保险业和保险公司内部各方面的数据质量不高，且共享程度不高，缺乏大数据的支撑，传统的保险销售管理、风险管理和核保管理是被动管理，主要是靠相关岗位人员的经验进行决策，难以通过对客户特征和行为分析进行主动的精准营销以及提供个性化的保险服务和定价。同时，保险公司提供的产品不符合某些客户群体的需求，造成保险供给与需求不匹配，进而影响保险业提升效能。

三是保险理赔及客户服务运营管理方面。“理赔难”相对来说一直是保险业的一个痛点，保监会还专门要求公司对保险“理赔难”问题进行专项治理。财险理赔的痛点主要是车险理赔流程和需要的单证比较烦琐、现场查勘效率低和定损不透明等；寿险理赔的痛点主要是人身伤害医疗发票认定和识别复杂、伤残评定周期长。另外，还有一个痛点是客户服务渠道和场景体验较少，主要的电话渠道经常占线，客户需要长时间的等待，以及因后台客服人员对业务熟悉程度不同，有时对同样的问题会出现不同的解释等。这些痛点无疑会造成客户体验不好，进而影响保险业和保险公司的形象。

针对上述保险公司的传统业务模式中的一些不足及痛点，目前业界也在陆续运用保险科技提供解决方案，比如中国太保在销售端为营销人员提供“神行太保”展业工具，在理赔方面推出“太 e 赔”“e 闪赔”、云调查及远程鉴定等创新服务，提升了客户体验；蚂蚁金服推出“定损宝”等。

二、保险科技业务应用场景分析

发展保险科技的实质，其实就是用科技手段重新定义保险公司运营操作系统，以及在保险全流程中的应用，提高运营效率、降低成本，使每位客户、每家公司甚至每个领域都能获得更加高效、便捷的保险服务，进而为实体经济的发展提供更有力的保障。推进保险科技的发展，是保险业践行全国金融工作会议精神的落地举措，也是对保险回归和保障主业的有益尝试。众所周知，保险业是数据密集的行业，保险科技中如区块链技术、物联网、云计算、人工智能（AI）、大数据、车联网、无人驾驶汽车、无人机、基因检测及可穿戴设备等是新产品开发的关键，但每一项技术又不可能独立存在，产品和服务的创新发展需要多项技术的糅合和互相渗透。

2017 年人工智能快速发展，保险业也不例外，中国太保的“阿尔法保险”、蚂蚁金服的“定损宝”、大特保的“小狮子”、阳光保险经纪的“大白”等是基于人工智能技术的创新不断出现的，这些人工智能保险顾问平台都给客户带来了更好、更便捷的体验。以中国太保“阿尔法保险”为代表，人工智能在优化客户定制精准保险方案等方面大显身手，另外在理赔、查勘定损及客服运营等业务环节，保险公司也需要完善客户体验，保险与科技结合的领域主要从两个大的方向入手，即数据和客户。具体包括以下六个方面。

一是保险营销。据统计，30% 左右的保险科技初创公司主攻保险营销的服务创新，比如比价和员工福利平台，这种数字平台化的创新能带来比较便捷的用户体验，并利用移动终端、人工智能等技术提供比较友好的接触界面。这是传统保险业与保险科技合作的主要领域，改变原有的传统业务模式，更能凸显科技的便捷和高效。

二是保险产品。利用保险科技进行的产品创新覆盖寿险和财险的多个领域，比如车险可以应用车联网技术，使设备跟人走，为保险“从人从用”打下良好的基础，一些保险科技公司开发了小额保险、UBI 保险、基于行为的保险（Behavior-Based Insurance）以及各类指数保险等。很多保险科技公司正在寻求与传统保险公司在承保能力和分销网络建设方面建立创新合作关系。

三是客户服务。保险科技对传统保险业务模式的颠覆还集中体现在保险单证管理、理赔及客户服务的其他领域。这些新技术创新包括区块链、移动支付、人工智能、可穿戴设备及无人机等。一般情况下，客户服务水平直接影响客户体验的好坏，客户体验对客户黏度的提升有很大作用。目前，无人机的应用，为农业保险提升了风险管理和理赔的质量和效率。

四是运营管理。保险科技创新能帮助保险公司提升运营管理效率，比如机器人自动处理程序及其他人工智能和 OCR 技术可使一些简单重复性的工作标准化，自动响应客户需求，降低人力成本；又如视频、智能眼镜的应用有助于改进理赔流程等，保险公司的运营管理水平在一定程度上决定了公司的竞争力和未来达到的高度。

五是风险数据。风险选择和定价能力的提升，主要依赖于风险数据的质量，尤其是实时风险数据获得的及时性和完整性。基于大数据的新一代预测和定价模型，大量“分辨率”更高的定位数据以及实时行为数据可以使保险公司差异化竞争的空间更大。

六是信息资讯。保险业的信息资讯主要包括教育培训、信息披露和公众监督。创新性的保险平台可以为客户提供高质量的保险产品咨询、便捷的在线或当面交流的机会，以及提供高质量的保险教育。微信、微博等新媒体的发展为保险信息传播和产品宣传提供优质的载体，实现与客户的双向沟通，有助于打造良好的公司品牌形象。

三、当前保险科技发展中遇到的挑战

近年来保险科技的快速发展给市场带来活力与改变，但也面临一些发展的制约因素。

一是有限的数据资源制约着保险科技发展的突破。数据是新技术应用发挥作用的核心资源，保险科技要想在保险业发挥质的飞跃，就要提升数据的真实性、有效性、完整性以及数据处理能力。麦肯锡咨询公司的专家曾指出，中国保险科技面临的挑战，主要表现在数据收集、整合及应用路径规划三个方面。首先，保险公司数据收集能力较薄弱，多数公司缺乏全面的数据收集系统，比如客户触点中某个环节收集到的信息未及时进行记录、线下纸质信息没有录入系统等。其次，保险公司用户数据有待整合。客户整个生命周期中各个环节由不同的团队负责，相应地获得的数据也掌握在不同人员的手中。没有统一的系统整合同一位客户在不同环节中产生的数据，导致数据分散，给后续的客户洞见的识别分析和应用带来困难。最后，保险公司数据分析应用路径不清晰。有时收集了一定数量的客户信息，但在具体的数据应用、数字化战略规划上，很多公司又没有成熟的产品设计、精准定价及市场营销的数字化路径。

二是缺乏真正意义上的用“互联网思维”投资保险科技，保险公司本身及相关领域的技术应用还有待进一步升级，比如保险公司核心业务系统需要进一步增加智能的洞察与分析功能，整个保险业和保险业上下游行业以及单个公司的内部信息化程度不高，数据整合、共享和应用不足，车联网等移动数据标准不统一等。

三是当前保险科技还面临监管等方面的挑战。长远来看，要想使保险科技真正有成效，除需要保险业整个市场主体主动作为外，还需要监管部门随着保险科技在行业推行的新技术、新应用的实践与时俱进，不断发展和完善。

四、保险科技的发展建议

结合保险科技发展现状及目前遇到的一些挑战，对保险科技的发展提出以下几点建议：

一是加强大数据的整合，提升保险业综合服务水平。大数据是保险科技发展的关键因素之一，很多新技术的应用都是靠填入数据运算后得出应用结论的，也是保险科技区别于传统保险的核心。当前，保险公司积累的数据数量不足，数据质量还较低，距离理想状态有较大差距。保险业需要对大数据的整合与开发方面多下功夫。把打造大数据中心、汇聚平台及产业服务平台等作为切入点，加快与保险科技相关的大数据基础设施建设，将监管部门以及金融机构等各类市场的数据加以整合，促进各方对自己获取的原始数据进行清洗、处理，然后再整合与共享；统一大数据标准，以提升数据共享的标准化程度，推动大数据资源向保险科技公司、保险机构转移；可在国内设立若干“大数据应用和发展实验区”，促进大数据在保险细分领域的普遍使用，加速发展保险大数据存储备份、集中处理标准化服务等配套公共服务。

二是加强底层技术的支撑作用。底层技术创新能力较弱是我国保险科技发展的较大短板。因此，建议要重视增强底层技术创新能力。可从加大对保险科技底层技术研发的政策支持力度、建立保险科技底层技术创新协同机制和营造保险科技人才集聚的外部环境方面着手。将保险科技领域的重大技术研发列入政府重点资助范围，对保险科技领域的关键性技术研发和试验给予资金保障，同时大力发展保险科技孵化器；推动我国保险科技公司、保险机构、高等院校及科研院所组建保险科技协同创新平台，在底层技术研发上集中发力，取得突破；支持重点高校设置保险科技相关专业课程，培养跨专业复合型人才，推动高校和企业联合，设立保险科技人才培养中心，打通学术界与业界的壁垒，形成良好的产学研用的结合关系，为保险科技底层技术创新提供人才保障。

三是创新监管机制，营造良好的发展环境。保险科技的发展当然离不开有效的监管，需要在鼓励创新与防范风险之间保持动态平衡。监管部门对保险科技的监管既要体现监管的一般性和公平性，又要体现保险科技时代的适应性和包容性。笔者建议，第一，要完善保险监管协调机制，以保险科技作为加强金融监管协同的重点领域，强调外部监管与行业自律的相辅相成，加强审慎监管与行为监管的并行互补；第二，要借鉴美国、英国等发达国家对保险科技采取的“无异议函”“监管沙盒”等监管模式，提升保险科技领域的监管效能。

保险科技畅想与上海论坛愿景

许　闲

自驾在美国加州的公路上，偶然会看到谷歌、特斯拉等公司的无人驾驶汽车在驰骋。出于保险专业的敏感性，我时常会想，无人驾驶汽车来了，中国的保险市场怎么办？中国的车险一直是财险市场的重要组成部分，过去10年的市场份额都超过了70%。如果无人驾驶汽车来了，车祸事故的责任承担者可能就不是驾驶员而是汽车制造商了，那么消费者所购买的汽车责任保险便缺乏合理性。中国财险70%的市场份额会萎缩吗？有人肯定会想，如果消费者不购买，那么汽车生产商也会购买，市场并不会萎缩。要知道，汽车生产商完全可以成立自保公司来消化此类业务，那些以经营车险为主的财险公司恐怕会有歇业的危险。

加州的魅力还不止于无人驾驶汽车。这里是全球保险创新的高地。2016年全球所有的InsurTech投资活动中，发生在美国的保险科技投资占全球的59%。这里保险科技的初创企业将健康保险变成个人的健康管理专家，机动车保险按照驾驶里程收取保费，利用保险引导“绿色出行”。在这里，保险变得有趣，科技变得鲜活，在人们的日常生活中，每天总有保险科技创新的话题出现在广播里、电视上、网络中。

微信朋友圈也有许多国家的业界动态：区块链保险创新、互联网保险、情景化营销、人工智能取代保险业等。我总在好奇，为什么国内不谈InsurTech？因为在美国，这些创新都放在InsurTech的框架下讨论，而且InsurTech最近几年的关注度，甚至都超过了FinTech。国内相关论坛名目繁多，却没有针对 InsurTech 的专门论坛。于是，我向上海论坛组委会申请，举办专门针对 InsurTech 的专场。

上海论坛是知名度高的国际论坛，主办单位是复旦大学，迄今已经举办了 11 届。每年的上海论坛嘉宾云集，多国领导人、诺贝尔奖得主和各界名流均在论坛分享智慧和思想。出于选题的重要性和前瞻性，上海论坛组委会终于同意在第 12 届上海论坛上，举办一场针对保险科技的专场，主题为“保险科技：新市场、新生态、新引擎”。

保险科技的选题与研究也到了学界、业界和监管部门的高度肯定和回应。中国保险学会决定和复旦大学共同举办本次专场；保监会、全国社会保障基金理事会、国际保险学会、台湾财团法人保险事业中心、加州州立大学、圣约翰大学的有关部门领导和专家学者均应邀参加论坛并做主题演讲。复旦大学也将成立中国保险科技实验室，希望能更好地发挥综合院校的学科优势，助力保险科技发展，助推中国保险和科技强国进程。

本次上海论坛另一个亮点是发布了近10万字的《中国保险科技发展白皮书（2017）》（以下简称《白皮书》），《白皮书》凝聚了来自于复旦大学、牛津大学、圣地亚哥加州大学、中国保险学会、巴黎欧盟金融监管研究院、上海市保险学会、众安保险、中国再保险、通用再保险等多名研究人员的个人智慧和集体研究成果。《白皮书》直面10项新兴科技（区块链、人工智能、物联网、云计算等）运用于保险业、4种创新模式和16个细分领域创新发展，讨论了6个国家和地区的相关监管经验以及推动我国保险科技发展的若干建议。

中国保险科技主要三大应用分类

曹思卿

随着区块链技术和人工智能的发展与广泛应用以及智能手机的普及，保险业正在受到极大的冲击，传统的保险定价原理（即“大数法则”）已经无法满足人们的需求，差异化的定价方法和建立在个人风险评估基础上的“按时按需”保险正在成为保险业新的宠儿。从“保险 + 科技”这个理念提出开始，就受到资本的热切关注，一个接一个的保险科技初创公司如雨后春笋般冒了出来，各种各样的产品和服务不断被推出，并逐渐渗透到广大普通民众日常生活的方方面面。

目前，全球有超过 1300 家保险科技初创公司，其中美国占据主导地位，其次是欧洲，亚洲虽然起步稍晚，但是凭借其得天独厚的资本和市场优势，保险科技相关投资也正处于迅速扩张阶段。从图 1–1 可以看出，2012 年至 2017 年全球保险科技初创公司的融资事件数和融资金额的变化趋势，2012 年以来保险科技领域投资规模不断扩大，2014 年和 2015 年连续两年融资金额每年翻三番，2015 年融资金额达 26.88 亿美元，虽然 2016 年和 2017 年融资金额相较于 2015 年有所下降，但是融资事件数仍在稳步增长。

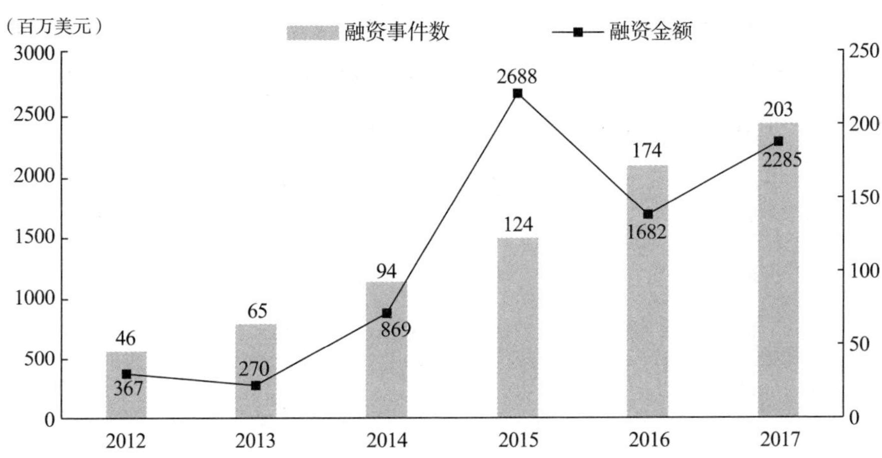

资料来源：Willis Towers Watson & CB Insights。

图 1–1 全球保险科技公司融资事件数和融资金额

什么是保险科技？简单地说，只要是新兴技术（如大数据、区块链和人工智能等）在保险产品的设计、定价、营销及理赔等环节发挥作用的，都可以算作保险科技的范畴。目前国内的保险科技产品和服务主要有互联网保险、定制保险、核心科技运用三类，也大致代表了保险科技的主要发展阶段。

一、互联网保险

国内第一家拥有保险牌照的互联网保险公司——众安保险，最引人注目的是其背后强大的股东阵营，即阿里、腾讯和中国平安。“三马”光环下，众安保险有着得天独厚的技术和人才优势，并且拥有阿里和腾讯庞大的客户群体基础，作为国内第一家“吃螃蟹”的保险公司，占据了天时、地利、人和的条件。据公开信息，截至2016年底，众安保险的客户数量达4.92亿户，销售保单总数超过72亿份，平均每个客户和众安保险签订了超过14张保单。从客户数量和签发保单数量的角度看，众安保险已遥遥领先于传统保险公司。

众安保险依托于支付宝生态圈，其产品具有浓厚的互联网属性。目前，众安提供的产品主要分为五个领域，即生活消费领域、消费金融领域、健康领域、车险领域以及航旅生态领域。其中，生活消费领域在五个领域中占比最高，但是比重却在逐年下降，主要产品包括退货运费险、商家保证金保险、手机意外险及碎屏险，特别是退货运费险，保费收入占比曾经高达 77%。这些风险简单而且同质化程度很高，通过动态大数据分析可以实现精准定价，非常适合线上销售。

场景保险是互联网保险的主流。随着中国电子商务的蓬勃发展，大众互联网消费活动越来越频繁，网络消费占社会商品零售总额的比重也越来越高，然而互联网消费中存在各种各样的风险场景，因而产生了不同的风险转嫁需求。根据社会大众在特定活动场景（如网络购物、出行）中可能面临的风险制定特定的保险商品（如退货运费险、航班延误险及航空意外险）即为场景保险。场景保险的主要特点是可以通过对不同场景的大数据分析实现精准定价，满足用户的不同需求，同时由于拥有庞大的客户基础，可以把成本控制在极低的水平，进而实现保险公司和客户的“双赢”。

第一财经和蚂蚁金服联合发布的《2016 互联网保险消费行为分析报告》显示，当前的互联网场景保险产品主要集中于网络购物和出行这两大消费场景，主要包括退货运费险、航班延误险及航空意外险三个产品。网络购物场景在场景类产品中占比最高，达 67%，其中退货运费险、购物保障以及支付安全的份额分别为 63%、1.6% 和 2.5%；出行场景占比约为 28%，包括酒店占比为 0.66%、航空占比为 27%、旅游占比为 0.22%；其他场景占比为 5%，包括淘宝卖家信誉保证（众乐宝）占比 2.3%，以及互联网金融类（招财宝变现）占比 2.7%。

传统的保险公司缺乏相关数据对互联网消费行为进行分析，而互联网平台如阿里、腾讯等掌握的海量客户数据恰好为场景保险产品的设计提供了充分的发展空间。

然而，尽管险种非常丰富，但场景保险的风险大多数仍是简单且同质化的，并不能针对单个用户进行风险评估及差异化定价。从这个角度讲，场景保险仅仅算是传统保险在互联网领域的一个应用。

二、定制保险

场景定制是对场景保险的进一步发展，也是目前国外的保险科技初创公司发展较多的一类业务。场景定制是指根据个人需求或者企业的运营场景，定制专属的保险业务，为客户提供更具差异化和个性化的产品，更加灵活地满足客户的保险需求，在提供更精准的保障的同时进一步降低成本。另外，通过应用程序编程接口（Application Programming Interface，API），定制保险平台可以实时联结客户和保险公司，加强客户和保险公司的互动，实时满足客户的保险需求。以目前国内有名的企业场景定制化保险平台——保准牛为例，作为一家保险科技公司，其实质是联结企业和保险公司的中介，但是和传统的保险中介不同，保准牛通过自己的数据分析系统，可以帮助用户自定义保险，同时提高与保险公司的互动频率，这类运营模式在国外的保险科技初创公司中比较普遍。

大数据的发展使差异化定价成为大势所趋，中国经济的快速发展和复杂的行业分类更是使场景不断更新，种种优势都为定制保险提供了广阔的需求市场，或许将会有越来越多的保险科技初创公司会把关注的目光从互联网保险移开，转向定制保险方向从而分得“一杯羹”。

三、核心科技运用

新兴技术的深入应用会引发整个保险生态模式的创新。《中国保险科技发展白皮书（2017）》介绍了大数据、云计算、区块链技术、人工智能、无人驾驶汽车、无人机、物联网、车联网、基因检测和可穿戴设备 10 项新兴技术在保险业的应用前景，但目前大多数技术和保险业的结合仅处于设想阶段，还未证明其商业可行性，有些新兴技术甚至自身尚处于发展阶段。不过，有些新兴技术已在保险业有了初步的应用。目前，中国应用较多的技术是人工智能、大数据和云计算，典型代表是蚂蚁金服 2017 年发布的“车险分”“定损宝”。

车险评分概括来说就是采用了从人（比如性别、年龄）、从车（比如车型、是否有安全气囊及车价）、从客户行为（违章次数、是否经常出差）和从环境（比如道路类型及道路拥堵状况）四个方面的因子预测客户下年的赔付金额或赔付率。决定模型准确性的核心要素有三点，即数据量、数据维度和算法。对于保险数据量，蚂蚁金服没有太大优势，一般是通过共建数据实验室或是平台上的车险业务获取数据，但数据维度和算法则是蚂蚁金服的强项，其拥有大量的从人和从环境的数据，这意味着其可能获取对赔付金额或者赔付率更大的解释能力。但车险分也只是探索精准定价的第一步，这个方向还有很大的提升空间。

"定损宝"是人工智能和保险相结合的一次成功的尝试。"定损宝"采用深度学习图像识别技术，解决了识别不规则车辆损伤的行业难题，是图像定损技术首次在车险领域实现商业应用。在几个特定角度对受损车辆进行拍照，然后通过算法识别事故照片，与保险公司联结后，几秒时间内就能给出定损结果，包括受损部件、维修方案和维修价格。该技术的成熟应用预计会取代保险定损员的角色，降低保险公司的佣金支出及运营成本，还能帮助保险公司减少因缺乏统一标准导致的虚假骗保案件，降低理赔渗漏的比例。据蚂蚁金服透露，"定损宝"有望每年为行业节约理赔运营成本约 20 亿元。

目前，国内保险和科技深度结合的例子还不多，但是作为一个新兴产业，社会媒体对保险科技的关注度正处于指数增长的阶段，保险科技的普及度和普通民众对其认可度也在不断提高。更重要的是，该领域已经吸引了资本的极大关注，投资数量和规模都在不断扩大。相信随着资本的大规模涌入以及信息技术的发展，更多保险和技术结合的产品及服务将会出现爆发性增长，甚至重塑整个保险生态模式。

中国的保险科技：保险有余，科技足否

曹思卿

由于庞大的人口规模、迅速崛起的技术型中产阶级、传统保险经销方式的低效性以及智能手机的超高普及率，中国很可能成为全球保险科技最热门的市场。然而迄今，中国的保险科技市场事实上并没有被真正点燃，中国的保险科技初创公司的实际数量和质量也都远不及发达国家和地区。

对保险科技初创公司的投资数额，可以很好地代表各个国家和地区的保险科技的整体发展水平。目前，全球有超过1300家保险科技初创公司。CB Insights的数据显示，美国占据了主导地位，为63%，其次是德国、英国、印度、中国和法国，分别占6%、5%、5%、4%（不包括2015年众安保险的巨额投资）和3%。

所以问题来了，为何中国有大量的机会和资本，却没有产生更多的保险科技初创公司？一位研究亚洲保险科技发展趋势的学者（George Kesselman）认为，原因可能是亚洲的早期创业生态系统较弱，不能有效地支持初创企业，另外，文化方面对于失败的容忍度较低。这两种情况目前都在迅速改善阶段，中国的企业家已经开始对保险科技表现出极大的兴趣。

但是，尽管中国保险科技领域的投资正在如火如荼地进行，产品却和国外有较大区别。以目前国内有代表性的保险科技公司——众安保险为例，依托庞大的淘宝、腾讯用户群体，截至 2016 年底，众安保险已向 4.92 亿客户销售了超过 72 亿份保单，号称“客户最多的保险企业”。2016 年，众安保险总保费收入 34.08 亿元，最大的类别是“退货运费险”，保费收入占比曾经高达 77%。此外，还有手机意外险、碎屏险等险种，都具有强烈的互联网属性，这些风险简单且同质化较强，非常适于线上销售。然而，尽管险种非常丰富，其中体现的科技属性却并不明显。

相比而言，国外保险科技公司的产品虽然相对集中在健康险、车险和租房保险等比较常见的风险范畴，但是产品大多具有浓厚的科技特征，更像是科技公司而不是保险公司。这些公司往往通过智能手机或其他智能设备获取用户风险特征，并为客户定制个性化保险服务，精准地做到按时按需保险，同时，还会有相应的激励措施，鼓励客户主动采取措施降低风险，提高风险预测能力，降低损失和索赔比率，同时收获良好的用户体验，实现“双赢”。

除直接向用户提供个性化保险服务外，国外还有不少保险科技公司把传统保险公司作为客户，向它们提供自定义的客户风险分析报告，或是作为联结保险公司和客户的中介，依托信息技术使保险公司和客户的互动变得更加高效。

这类保险科技公司一般采用 SaaS 模式。SaaS 是软件即服务（Software-as-a-Service）的简称。保险科技公司作为 SaaS 提供商为企业（通常是传统保险公司）搭建信息化所需要的所有网络基础设施及软件、硬件运作平台，并负责所有前期的实施、后期的维护等一系列服务，企业无须购买软硬件、建设机房、招聘 IT 人员，即可通过互联网使用信息系统。企业根据实际需要，向 SaaS 提供商租赁软件服务。比如，克罗地亚的一家保险科技公司 Amodo 的主要产品和服务就是向 UBI 定价的车险公司提供详尽的驾驶员的驾驶行为分析，Amodo 依托强大的数据收集和分析能力，综合 GPS 数据、地图数据、气象和道路情况，以及驾驶员的驾驶习惯等多维数据，产生分析报告，同时配备了独特灵活的评分框架，激励驾驶员主动改善驾驶习惯，使车险公司可以更加有效地定价。

随着社会的信息化程度提高，以及大数据和人工智能的推广，个性化的保险服务的需求会越来越多，中国的保险科技投资者或许应该借鉴国外的先进经验，更多地关注科技创新。

全球保险科技监管概览

许 闲

保险科技正在以势不可当的趋势向全球发展。一方面，由于科技即将给保险业带来巨大的机遇和变革；另一方面，由于保险业是金融行业的重要支柱，在一国或地区的经济社会发展中扮演重要的角色，因此保险科技本身也得到不同国家和地区政府的高度重视。本文以美国、英国、德国、中国香港、新加坡为例，分析不同国家和地区政府对保险科技的态度以及所采取的相应政策。不同国家和地区对保险科技的重视与政策扶持，无疑大大促进了保险科技的创新发展，也使不同国家和地区在下一轮经济竞争与发展中积累实力并培养驱动力。

一、美国

美国金融监管属于限制性监管（restricted regulation）。由于美国具备人才与资本优势，其目前的金融科技行业是以技术作为主要驱动力的。美国的功能性监管能够抓住金融科技/保险科技的金融本质，按照其业务功能进行分类，然后再对其进行监管，这种监管要在成熟的监管体系下才会更好地发挥作用。美国国家经济委员会2017年发布了《金融科技框架白皮书》，概述了政府对于金融科技/保险科技创新的原则与框架政策。从这份《金融科技框架白皮书》看来，美国白宫监管政策对于金融科技/保险科技相对比较友好，各管理部门以及监管机构通过一系列手段刺激金融科技/保险科技的新。美国政府对于新兴金融科技/保险科技生态提供了以下10项原则[①]。

一是多角度思考金融生态系统。经济健康与国家竞争力需要一个安全强大并且足够完善的金融服务体系。为了加强及维持这种体系，拥有相关利益的人必须更加全面地思考金融生态系统，以及他们在其中的位置。金融科技/保险科技影响了人们的接触、交付与消费方式，对金融科技/保险科技的讨论已不再是如何颠覆现有机构，而是怎样使得两者共生。因此，传统机构和新的市场参与者都应该更加全面地思考自己提供的产品与服务能为消费者、投资人和市场带来多少附加值，并且如何实现安全、透明以及可持续发展。同时，政府所扮演的角色应该是如何创造繁荣、可持续发展且具有创新的金融服务行业，并进一步帮助其他领域。

二是以消费者为主。随着金融科技 / 保险科技领域的发展，金融科技 / 保险科技公司必须以消费者为主，包括个人客户及机构客户。金融科技 / 保险科技公司需要为他们提供安全、透明并且便于用户使用的产品及服务。这些产品及服务必须将重心放在提高客户对金融机构的选择能力，并拓宽金融服务的渠道上。

三是促进安全的普惠金融和金融健康的发展。金融科技 / 保险科技的产品和服务应该持续促进消费者的金融包容性和财务状况。金融系统的接入口不足以作为一个独立的目标，尤其是当该接入口意味着消费者面临更大的资产风险时。但是若能安全地接入金融系统，那么会使总体财务变得更加健康。

四是认识并且克服潜在的技术偏见。大数据、人工智能、先进分析方法以及相关的技术可能会创造巨大的机遇。但是由于算法系统仍然依靠设计人员进行基本信息输入和设置信息处理流程，因此输入的基本信息可能会受到人为理解的干扰。所以算法与决策中可能包含系统性的以及历史文化方面的偏见，或许会给消费者带来一些不公平的状况。企业应当联合政府探索缓解金融产品与服务在提供渠道或方式中的偏见问题。

---

① National Economic Council of the United States （2017）: A Framework for FinTech.

五是最大限度地提高透明度。2008 年国际金融危机带来的一个重要教训就是提供透明的金融产品和服务极其重要。当金融产品变得复杂、服务变得令人困惑，以致无论是消费者、金融机构还是监管机构都很难理解其结构及所涉及问题的时候，可能会带来灾难性的后果。决策者和监管机构应在近期工作的基础上，继续通过诸如白皮书、峰会、行政手段与监管引导以及其他创新的手段等方式去教育相关利益者，并以此提高金融科技 / 保险科技行业的透明度。

六是为实现互操作性和协调的技术标准而努力。随着金融服务持续的“去中介化”以及消费者不断寻求更加灵活、更加个人定制化的金融解决方案，金融科技 / 保险科技公司和金融机构对于自己的产品与服务应该嵌入一个具有互操作性和协调的技术标准。这个标准可以减少消费者在使用不同服务或产品时的不适感，也使得那些无法享受到银行服务的客户可以通过其他方式享受到。

七是金融科技 / 保险科技必须建立在网络安全、数据安全和隐私保护的基础上。无论金融科技 / 保险科技公司规模大小，首要的任务都是保护消费者和金融机构的数据，这也保证了整个金融服务行业基础设施的诚信度和完整性。对于数据，金融服务行业已经为其他行业做了一个榜样：行业和政府机构一起主动为网络安全、数据安全以及隐私实施保护。金融科技 / 保险科技公司应该继续进行这项重要的工作，并在此基础上尝试使其进一步优化。

八是提高金融基础设施的效率与效用。尽管当前普遍讨论的都是金融科技 / 保险科技公司对普通消费者提供服务，但是对金融服务变革而言商务解决方案和基础创新同样重要。企业或机构需要保证在提高效率的基础上进行创新，并且注意结构的完整性、安全性、透明度、访问渠道与合规等方面。

九是保护金融稳定性。金融科技 / 保险科技公司必须注意并提前思考金融科技 / 保险科技中潜在的风险。那些刚出现的未经实践的创新可能会在提高效率的同时给金融体系带来一些潜在风险。而当人们无法有效识别和管理这种风险的时候，这种风险可能会对金融稳定带来负面影响。因此，金融科

技 / 保险科技公司和金融机构、政策制定者以及监管机构需要通过合作识别不利于金融稳定的潜在风险因素。

十是继续加强跨部门间的合作。金融科技 / 保险科技公司、金融机构以及政府之间应建立长期的合作关系。无论是初创企业还是成熟机构，都必须与政策制定者及监管者保持不间断的联系。同样，政府应在问题发生前就直接通过企业了解金融科技 / 保险科技公司的产品与产业发展情况。各方间的这种合作关系有助于在未来发展的方向上达成一致，并且能降低金融监管的不确定性。

金融科技 / 保险科技公司有极大潜力去改革金融服务渠道，改善金融系统的运行机制，促进经济增长。然而，要完全挖掘这种潜力，金融科技 / 保险科技公司的相关利益者必须汲取金融危机的教训，同时加强与传统金融机构的合作，以提供更好的产品与服务。

二、英国

英国政府对于金融科技/保险科技的态度是在保证监管合理的前提下，推动对金融科技的扶持。比如，目前英国政府所实施的“项目革新”计划与“监管沙盒”（regulatory sandbox）制度，保证了英国的金融科技处于相对领先的地位。2011年英国通过《金融监管新方法：改革蓝图》白皮书，着手对英国金融监管体系进行全面改革。这一改革终结了三方监管体制，“准双峰”模式出现。具体来说，英格兰银行下新设金融政策委员会（FPC），作为宏观监管机构监控、应对系统风险；新设审慎监管局（PRA）监管各类金融机构；新设金融行为监管局（FCA），通过监管金融机构的业务行为，有效促进金融市场的竞争，对消费者进行保护。英国政府采用以下几种方式鼓励金融科技/保险科技的发展。

一是支持。专设相关机构支持金融科技 / 保险科技发展，并在税收和投资方面给予初创公司优惠。提出英国金融监管环境要有助于促进金融科技 / 保险科技行业创新，支持初创公司的发展。

二是“监管沙盒”制度。2015 年英国实行“监管沙盒”制度。通过“监管沙盒”，为金融科技 / 保险科技提供“监管实验区”，支持初创企业的发展。具体而言，“监管沙盒”就是为初创企业创造一个安全地带（safe place），监管部门会放宽安全区域内的产品和服务的监管。这个安全地带可以视作金融实验区，优秀的产品或者服务将会被市场推广，而不尽如人意的产品与服务则会被改进或者否定。这有助于激发英国保险业的创新活力。①

三是项目革新计划。该计划主要通过建立两个机制，在保证消费者利益的前提下支持金融科技 / 保险科技的发展。第一个机制是通过孵化器帮助初创企业获得金融行为监管局的许可。第二个机制是由创新中心从监管角度为企业提供建议，一方面使企业了解自身的责任，另一方面可以通过实践为监管条例提出修改建议。

三、德国

德国在金融领域实现统一监管，德国联邦金融监管局（BaFin）对证券业、银行业和保险业实施统一监管。德国联邦金融监管局认为，目前对于金融科技 / 保险科技公司的监管面临一些挑战，因为一方面政府不能采取过分严厉的监管，否则可能会扼杀创新；另一方面，也要避免监管原则失效导致的金融科技 / 保险科技在真空中运行。因此金融科技 / 保险科技的业务模式必须符合监管要求和消费者保护的原则。德国财政部与德国联邦金融监管局共同为推动德国金融科技 / 保险科技发展采取一系列的措施。德国财政部推出的 FinCamp 系列活动，旨在通过促进财政部、传统金融业以及联邦金融监管局与金融科技企业的对话，探讨金融科技未来的发展。这项活动有利于鼓励德国金融科技的发展，聚焦金融科技发展前沿。2016 年 4 月 14 日，FinCamp 推出第一个活动，活动主题为“数字银行的未来”。

德国政府、欧盟复兴计划（European Recovery Programme，ERP）专

① Financial Conduct Authority.（2015）Regulatory Sandbox. London: Financial Conduct Authority.

项基金以及欧盟都为金融科技/保险科技初创公司提供了创业支持计划。这些支持计划将会提供给初创公司优惠率更高的长期贷款，并且有更长的宽限期。

不过，德国联邦金融监管局认为，保险科技 / 金融科技无合法定义，所以对于这一类公司或者产品的监管，多参照传统金融机构或者产品，比例原则同样适用，因此监管环境显得相对比较严格。

四、中国香港

中国香港非常重视保险科技的发展。香港保险业的监管部门——香港保险业监理处专门成立了金融科技联络小组，以加强监管部门与香港从事金融科技发展和应用的人士间的沟通，帮助金融科技业界了解相关的保险监管制度，并发挥平台作用，让保险科技相关生态主体进行信息和项目的充分交流。[①] 香港特区政府采用以下几种方式鼓励金融科技 / 保险科技创新。

一是提供资金。香港特区政府以在一只创新科技基金支持下开展的企业支持计划鼓励个人领域在研究和发展活动上的投资。审核通过的每个项目将能得到 1000 万港元的资金，同时以项目间比较为基础确定创新科技项目的资助力度。如果加上其他类似资金提供计划，特区政府大概提供了 50 亿港元，以支持包括金融科技和保险科技在内的多种领域的风险投资和研究。

二是支持。保险业监理处（OCI）、香港金融管理局（HKMA）、香港证监会（SFC）已经建立了专用的金融科技 / 保险科技平台，用来拓宽监管者和金融科技 / 保险科技公司之间的交流。这种平台可以处理行业研究问题，并且能够为从事金融创新的公司提供符合相关研究要求的信息。平台也能通过行业间的互换与最新的市场发展保持同步。

三是政策观点。香港特区政府明确表示支持发展中的金融科技 / 保险科技，同时强调在支持科技中立准则的同时重视投资者保护。政府将确保在市

① 参阅中华人民共和国香港特别行政区政府保险业监理处网站：http://www.oci.gov.hk/。

场创新和投资者保护间保持一个相对合适的平衡。政府也表明目前存在的准则足够处理目前香港蓬勃发展的金融科技 / 保险科技领域的挑战。

四是更新专业知识。香港保险联会（HKFI）最近在金融科技中心建立了特别工作组。这个工作组当前正在探索如何与政府一同促进保险业创新，并吸引资本和人才。

五、新加坡

新加坡金融科技 / 保险科技的发展有着强大的政府和监管支持。新加坡在打造智能国家的框架下正积极推动金融科技 / 保险科技的发展，新加坡金融管理局（Monetary Authority of Singapore, MAS）也以此为契机打造国际智能金融中心。新加坡政府希望金融行业的科技可以被高效使用，以便提高效率、创造机遇，更好地进行风险管理。金融科技 / 保险科技包括使用科技设计新的金融服务和产品，是建造一个智能金融中心的重要因素。监管部门对于金融科技 / 保险科技非常肯定，并且采取多种方式进行鼓励支持。①

一是提供资金。新加坡政府为金融科技 / 保险科技相关的创新提供各种资金支持。新加坡金融管理局特别批准 2.25 亿新加坡元用于投资金融领域科技和创新计划（FSTI），该计划旨在 5 年内通过提供资金建立创新实验室、制度层次的项目以及全行业的措施推动新加坡金融科技 / 保险科技生态系统的发展。从目前 FSTI 支持的项目看，大量项目集中在保险科技的相关领域，如采用区块链技术防止金融贸易出现复制发票、实施测验降低网络风险以及分析自然灾害数据。

二是支持。新加坡金融管理局和国立研究基金会（National Research Foundation，NRF）于 2016 年 5 月正式成立金融科技办公室作为所有金融科技 / 保险科技事务的一站式支持机构，以推动新加坡成为金融科技 / 保险科技中心。新的金融科技办公室将协助审核、调整和加强政府的这些资金计划，

① 参阅新加坡金融管理局网站：http://www.mas.gov.sg/。

在行业基础建设、人才开发、人力需求与商业竞争方面提出策略与计划，并且通过这些金融科技 / 保险科技的活动与举措促使新加坡成为金融科技 / 保险科技中心。

三是政策观点。新加坡金融管理局认识到创新可能受到现行法规的约束，因此提出了金融机构不必为所有新型数字产品和服务寻求金融管理局的批准。相反，保险科技创新企业如果对其尽职调查（due diligence）感到满意，它们可以不必获得金融管理局的批准，继续推出创新产品。2016年6月，为了进一步推进企业在新加坡进行金融创新，金融管理局发布了一项关于金融科技监管指引的咨询文件，旨在鼓励金融科技的发展，以便更多有价值的创新能够在市场上进行测试，并且有机会在新加坡和国外被广泛采用。

四是更新专业知识。新加坡金融管理局还在内部设立了金融科技与创新小组，其中包括三个部门（其中两个部门将重点关注监管政策，而第三个部门将侧重于创新，通过与行业合作的机会测试创新解决方案），这将使得新加坡金融管理局能确保法规不会落后于创新的脚步。新加坡金融管理局为了更好地监督与规范金融科技发展，将继续参与到创新活动中。

第二部分　保险科技内涵与应用

第一篇　科技重塑传统保险业：新产品

网络安全险：保险科技运用的下一片蓝海

徐　炜

2017 年 5 月，“WannaCry”比特币勒索病毒席卷全球，让全世界的目光聚焦于网络信息安全。实际上，随着互联网技术的日新月异，人们在享受诸如云计算、大数据、物联网等技术服务带来的便捷的同时，网络安全事件的频繁发生也引起不少企业和个人的重视。

一、前景：尚未被开拓的蓝海

安联财险发布的网络安全研究报告显示，每年中国因网络袭击造成的经济损失高达 3996 亿元，损失额位居亚洲第一；普华永道的调查报告也显示，过去两年间中国企业监测到的信息安全事件达到平均每年 2577 起。目前来看，网络安全风险正随着互联网技术的发展而升级。

一是大数据技术的普及增大了数据泄露的风险和成本。大数据的运用是基于庞大的数据库，企业如果疏忽了对数据库实行加密、隔离等防护措施，数据一旦泄露将会造成巨大损失。如今不少企业出于技术需求将数据库委托给第三方管理，如云计算服务商等，毫无疑问数据流动范围的扩大也增加了数据泄露风险，云计算服务商 Dropbox 就曾于 2011 年因为数据安全性及未能及时告知数据泄露事件而面临集体诉讼。

二是便携式移动终端构成潜在威胁。智能手机、平板电脑、笔记本、USB 等经常作为工作的便携式设备储存大量的企业信息和数据，这类移动终端由于难以管理和约束，极易泄露敏感信息。

三是恶意网络攻击日益频繁。2016 年 12 月雅虎公司 10 亿多用户的账号被黑客盗取，直接导致其公司价值剧减，并间接影响许多其他中小企业。诸如此类事件每年数不胜数，造成的经济损失日益扩大。

保险作为市场经济条件下最重要的风险管理和风险转移手段，在保护网络运行和数据安全、提高被保险人网络安全防护水平等方面大有可为，因此，对于保险业来说，这些网络安全风险和巨额损失的背后是一个千亿级乃至万亿级的蓝海市场。

二、挑战：三大行业痛点

网络安全保险，即为客户规避诸如数据丢失、网络中断等互联网风险的保险。目前来看，全球网络安全保险的发展处于萌芽期，以保险市场最为发达的美国为例，2012 年互联网安全保险保费规模仅为 5 亿美元，但 2014 年网络安全保险的购买数量同比增长 32%。而在中国，提供网络安全保险的保险公司则屈指可数，究其原因，存在以下行业痛点。

一是数据搜集挑战。建立一个网络风险模型的基础便是经验数据。传统保险商建立风险模型时通常依靠官方数据提供者，如自然灾害险可以寻求国家地震局、气象局的数据支持，但显然，目前尚不存在可以支持网络风险评估的官方数据源。除此以外，网络风险是动态的、变化的，随着网络技术的更新而变动，因此网络风险数据的收集同样必须是实时的、动态的，而这也区别于传统风险模型的相对静态的数据，并且前者的数量和处理难度也远大于后者。

二是行为风险和风控质量的考量。与自然风险不同，网络风险不仅来自于外部事件，也来自于内部行为。2014 年 IBM 调查显示，95% 的网络犯罪涉及员工行为错误，比如无意间丢失了储有重要信息的移动设备、账户密码安全等级弱等，甚至有内部员工故意偷窃并传播公司的机密数据。而相应的风险管理质量也同样关系着网络信息的安全，但与此同时，风控质量和行为风险的量化和数据收集则成为另一道难题。

三是网络风险经济模型的建立。由以上分析不难看出，网络风险至少有以下特点：动态性、来源多样性和传导性，这导致了其影响因素复杂、数据收集困难，同时网络风险的传导性也加大了保险商对潜在经济损失的预测难度。因而，网络风险经济模型的建立也是一项挑战。

三、案例：部分中外保险公司的解决方案

目前来看，国内外网络安全保险产品开发的核心聚焦于网络风险数据库的建立。

2016 年经历了 4000 万美元融资后的美国初创企业 Cyence 首次提出建立了网络安全风险经济模型，该公司通过开发一个多样化可扩展的数据引擎，能够以非侵略性的方式收集特定公司人员和机器的数据，从而创造出客观真实并且具有实时性的风险评测模型。为了与网络风险的动态趋势匹配，Cyence 这个配备了数据引擎的平台也能够实时校准模型，以精准分析网络风险。除此以外，Cyence 也通过对一些网络安全事故进行分析积累案例与数据，例如，Cyence 曾发布了一起重大的网络风险事故量化分析报告，分析结果表明，在这起事故中，黑客攻击造成全球云服务器宕机，最终在全球范围内造成约 530 亿美元的经济损失。

除此以外，海外最新研究进展表明，自动模拟攻击系统可能是解决数据问题的出路之一，即通过模仿不同维度和方式的网络攻击评估投保企业的网络安全程度。这个模拟系统会自动根据模拟进攻的结果为企业制定一个网络风险评分标准，这个评分标准的制定基于如 NIST、CVSS3.0 和 DREAD 模型等这类被广泛接受的风险计算方法。显而易见，这套模拟系统带有人工智

能色彩，某种程度上类似于 AlphaZero——没有数据，那就创造数据。笔者认为，一旦取得技术突破，这套系统将极大程度地降低数据收集和风险评估的难度。

国内企业也有数家公司推出了网络安全保险，如中国人保推出的国内首款网络虚拟财产交易安全保险、阳光产险和众安保险推出的网络安全险等。其中，众安保险先后通过与安恒信息和阿里云平台合作，在国内首次推出网络信息安全综合险，该保险承保事件囊括了有害程序、网络攻击和信息破坏三大常见网络安全事件，用户投保前需要填写风险评估表并由安恒信息进行系统风险检测，并且在通过风险评估之后安恒信息公司将对其系统保持实时监测，发现问题后及时反映，同时收集相应的风险数据和更新数据库。

网络游戏保险：“钱景”诱人，场景仍需搭建

刘　淇

近年来，网络游戏在国内一直保持了较高速的增长，极个别的成功游戏如王者荣耀，作为一款手机端的游戏毫不逊色于电脑端游戏。腾讯 2017 年半年报显示，智能手机游戏收入同比增长 54%，约达 148 亿元，首次超过个人计算机客户端游戏收入。《中国互联网络发展状况统计报告》的最新统计数据称，目前中国网络游戏用户规模达 4.22 亿人。

普华永道发布的《2012~2016 年全球娱乐与传媒行业展望》显示，2007~2011 年全球网络游戏市场规模已从 78.97 亿美元增至 167.96 亿美元（见图 2–1），累计增长翻番，年均复合增长率为 16.57%，且普华永道预计未来几年行业将继续保持较快发展的态势。

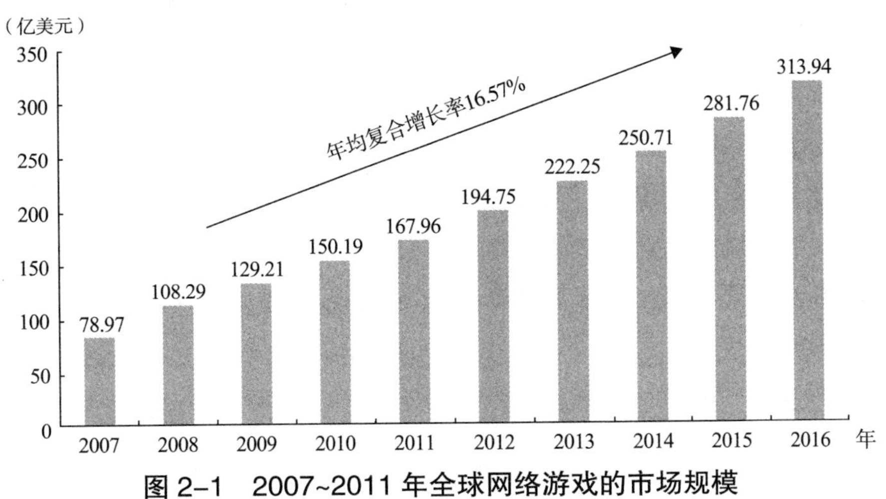

图 2–1　2007~2011 年全球网络游戏的市场规模

而根据公开资料，国内市场的网络游戏增长率虽然在逐步下降，但总体规模依然在攀升（见图 2-2）。

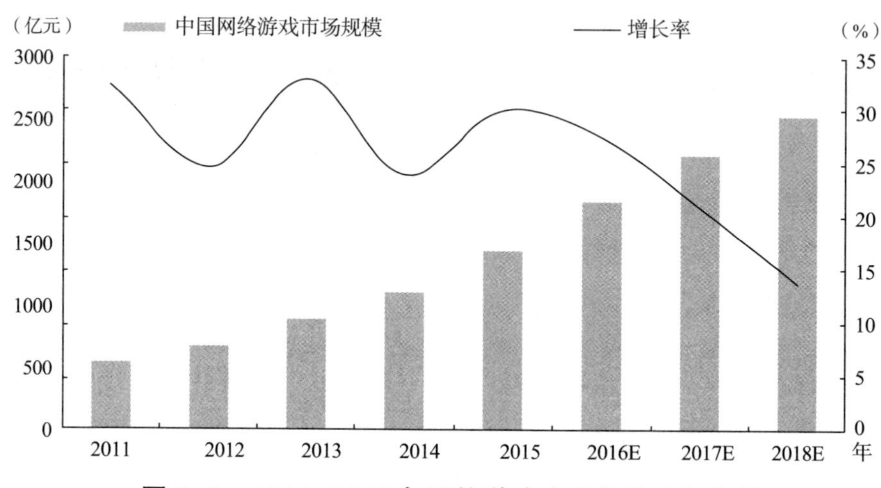

图 2-2　2011~2018 年网络游戏产业整体市场规模

网络游戏产业巨大的市场规模也为保险业带来巨大的机遇。2011 年 7 月，阳光保险与国内网络游戏企业 GAMEBAR 签署战略合作协议，正式联合发布全球首款虚拟财险，该项保险服务内容为：游戏玩家购买保险后，因账号、装备、道具及游戏币被盗或黑客攻击等意外事故造成的损失，由保险公司负责赔偿。2013 年人保推出的虚拟财险首月便售出 10 万件保单，可见网游爱好者对虚拟财险的需求之大。

然而，虚拟财险仅是顺应需求端而开发的产品。网游保险还未曾考虑在供给端上线特殊产品以刺激需求。一个可能的场景是在某些特定的节日里，可以设计一款“游戏伴侣”保险，如果游戏中的伙伴能够在一定时间后（如 1 年后）依然在游戏中并肩作战，则给予高于保费一定金额的奖励，这样的保险，不仅能增加用户黏性，还有助于满足游戏所固有的社交功能，拓展保险的运用场景。

除一些日常的节日场景外，还可以考虑根据游戏的类型确定用户的年龄段而推出不同的产品。例如，玩棋牌类游戏，尤其是麻将游戏的用户多为中年人，对于这类群体，可以在游戏的奖品中加入为孩子提供的健康或教育保险产品推广。

针对角色扮演类游戏，可以在游戏中设置虚拟的保险公司，用户可以在游戏中用虚拟货币为自己的角色投保意外险、财险及分红险等各类险种，将现实的保险引向虚拟世界，无形中又增加了游戏的趣味性。

综合来看，目前的虚拟财险仅是网络游戏保险的一个开端，随着场景化保险的进一步发展，有形保险融入虚拟世界成为虚拟保单也极有可能。当然，需要强调的是尽管此类网络保险存在相应的需求，但是此类保险标的与传统保险标的存在较大的差异，网络游戏保险的创新可能也有悖于我国的有关保险监管政策。不过，从市场规模和发展趋势看，网络游戏保险的开发与场景运用是值得研究的课题。

科技改变痛点：从互助计划到互保小组

刘　淇

随着人口老龄化和环境问题的加剧，很多重大疾病如癌症等成为人们谈之色变的话题。近年来，水滴互助、康爱公社等互助计划兴起，成为时下的热点，会员只需要支付很低的费用就能获得重疾保障。

虽然保监会明确了互助计划不算互助保险，但这种低价互助买安心依然被很多人推崇。很显然，当前的各类互助计划存在以下一些问题：首先是监管缺失；其次是平台的盈利模式不清晰，对会员风险定价比较粗糙；最后是数据信息不透明，水滴互助只说会严格公布理赔情况，但未曾公布其资金池的情况，其中如果出现洗钱骗保，更有甚者直接跑路，都会对用户构成极大的风险。

那么科技如何改变互助计划中的这些痛点呢？

谈到互助计划，不得不谈最新兴起的 P2P 保险。与国内的互助计划不同，P2P 保险公司并不直接建立资金池来开发相互保险计划，而是把这个主动权交给用户。对相同或相类似标的有共同保险需求的客户，可以通过 P2P 保险公司发起成立 P2P 保险小组，并针对保险标的设计保费，从核保、承保到理赔，这一系列的过程都由 P2P 保险小组内部协商解决。看起来很轻松，但这样一个 P2P 互助计划却涉及很多尚难解决的科技元素。

对于小组内的成员，保险标的如何定价成为一个首要问题。根据传统的精算学原理，保费肯定是要考虑个人风险的，那么如何确定每个人的风险因子就成为一个关键问题。当下的P2P保险公司更多地倾向于让小组内成员协商决定新加入者的风险系数。P2P保险公司需要提供的是考虑风险因子后的不同大类产品（如车险、财产险、健康险等）的定价模型，用户通过输入个人的相关信息（如保险标的价值、用户的年龄、驾龄、视力、以往车辆违章或事故记录等）以及小组给予的风险系数，模型就能够计算出相应的组内保费。为了保护小组内的资金池不破产，最为重要的就是设计时也要考虑能够赔付的资金上限以及免赔额问题。这个计算模型，将成为P2P保险公司的核心。

关于资金池，因为组内成员希望实现互保，那么在大多数时间，组内成员聚集起来的资金池往往是闲置的，这些资金应该根据不同组进行单独存管，但平台可以考虑对这部分资金，尤其是保险标的保险期间较长时，在支付一定利息的情况下用以投资。此处可以通过期限的配置，利用利差进行盈利。

最后是平台的盈利模式，这种新型的 P2P 公司，关键在于其流量必须足够大，能够吸引足够多的团体进行在线互保。而要做大这种保险模式，最好的方法就是利用兼职的保险代理人。保险代理人往往会在渠道端有很强的优势，通过保险代理人的平台兼职，能够迅速地组建 P2P 互保小组，而这个平台的成员需要利用保险专业的兼职人员进行核保、定损等工作，这些都可以是有偿的，平台也可以提供中立人员帮助互保小组解决各项富有专业性的工作。

综合来看，目前中国的互保计划，还存在很多让人不放心的地方，主动权更多地掌握在计划发起人手里。而 P2P 保险公司，旨在为用户搭建一个互保的平台，这个过程，在技术上已经能够实现，但在接受程度、场景化、保费计算方面，还需要进行突破。

新科技保险：五种可能不为人知的无人机保险

方 玺

无人机（空中机器人）的作用是代替人工在空中进行作业。通过与成像设备等部件结合，其应用场景亦可得到扩展。目前，无人机主要分为消费级、工业级和军用级。大疆、亿航等是消费级无人机的主要代表；易瓦特、哈瓦等是工业级无人机的代表，主要作用于农林、物流及气象等领域；军用级无人机主要应用于国防军事。其中消费级无人机由于在个人航拍方面的独特优势，吸引越来越多的人去购买。既受到许多航拍爱好者的喜爱，也吸引不少想体验无人机操纵乐趣的群体买来试玩。市场研究机构 IDC 的数据显示，以中国市场为例，消费级无人机在 2019 年的出货量将升至 300 万台。该组织预计，中国市场上，航拍无人机的出货量在未来三年有望增长 7 倍以上。由此可见，中国无人机市场前景向好。

但是，高涨的市场热情无法掩盖一个问题：无人机操作稍有不慎，就会出现坠毁，轻微事故可能会造成无人机机身受损，重则可能误伤无辜路人以及撞上路边的汽车、房屋等造成损失，这就使得无人机保险成为必需的保险产品。

一、什么是无人机保险

无人机保险通常分为两个基本范围，即机器损坏保险和责任保险。机器损坏保险是如果无人机发生丢失或者事故，保险公司将在一定程度上承担用户的损失；责任保险是当无人机对第三方造成了损害或伤害，保险公司需要向第三方进行赔偿。因此，无人机保险与其他任何保险一样，如果无人机发生事故，保险公司将在一定程度上承担损失和责任。

保险公司往往要求用户提供无人机操作手册、维护记录以及他们购买的部件记录，除了这些材料之外，保险公司还希望用户提供培训证明，以此降低用户可能对无人机、房屋等造成损害的风险，降低保险公司的理赔成本。越是准备充分的用户，就越有可能获得无人机保险并支出较低的保费。

无人机保险的覆盖范围如下。

（一）责任保险

不同的保险公司会根据用户所使用的无人机的参数（比如尺寸、重量）、飞行环境和操控者的技能水平等，提供不同的责任保险。这是最重要的保险类型，用户在考虑其他类型的保险之前就应该首先考虑这个责任保险。无人机责任保险与强制性汽车责任险很相似，唯一的区别是无人机保险不是强制性的，但这并不代表我们可以忽视它的重要性。

与汽车保险一样，无人机保险可以保护用户免受第三方伤害或索赔财产损失。如果由于操作失误，无人机失去控制，造成了人员伤害或者损伤了汽车或房屋，责任保险将把这些索赔的财务责任转移给保险公司。但这并不意味着用户可以不被追究责任，特别是当触及法律的时候，比如在禁区内飞行。

（二）机身保险

机身保险主要是为了保护用户免受无人机发生意外损坏而产生的损失，当损失比较大时，保险公司将支付维修费或全额换新费用。但是要注意，机身保险是不包括机载设备的，如果无人机由于坠落等原因导致相机受损，只购买机身保险的用户是无法获得相机损坏赔偿的。

机身保险赔偿金额主要取决于无人机的价值。保险公司在确定该保险价值时，往往要考虑折旧、原始成本和通货膨胀等因素，以确保该无人机的价值不会被低估或者高估。

（三）有效载荷保险

如果用户需要为无人机携带的所有昂贵设备投保，就需要所谓的有效载荷保险。对于大多数业余爱好者来说，一般会在无人机上搭载一个甚至多个相机，用来航拍美景。此外，对于用于专业用途（如商业测绘）的无人机，可能还需要搭载红外传感器等第三方设备。通常情况下，所搭载的设备比无人机本身更容易损坏，即使从桌子上掉下来都会损坏相机传感器或破坏相机，导致设备无法使用。

有效载荷保险覆盖了无人机附属设备的意外损坏风险，保险公司会根据设备损坏程度提供经济补偿或全部更换。由于机载设备和机身的价值不同，为两者分开估值、各自投保就显得尤为重要。

（四）地面设备保险

对于大多数商业无人机操作员来说，在空中飞行的无人机并不是他们唯一的设备，他们很有可能还有一个地面附加设备，比如笔记本电脑、遥控器及额外的传感器等。只要设备与无人机相连，就有资格获得地面设备保险。而且，如果收集的数据被破坏或以任何方式损坏，保险公司可能还要承担此保单规定下的数据恢复费用。可以看出，这种保险对于经常使用地面设备和无人机连接来共同执行任务的商业无人机操作员来说是很有必要的。

（五）非自有保险

以上几种类型的保险针对的都是无人机所有者，但当无人机并不属于自己，而是租用的时候，就需要非自有保险来保护使用者免受损失赔偿。非自有保险根据保障内容不同可分为三种，即非自有责任保险、非自有机身保险和非自有有效载荷保险。从名字也可以看出，这三种保险保障的范围跟上面介绍的责任保险、机身保险及有效载荷保险大同小异，只是保障的对象从自有无人机变成租借来的无人机。

二、无人机保险存在的问题

（一）定价难

无人机保险在定价时除了考虑机身和机载设备的价值外，还需要考虑其他因素，比如经验和技巧，有的保险公司甚至会问用户是否接受过任何正式的无人机训练。此外，操作环境也是关注的重点，环境不同涉及的风险也不同，如果在有更多人员或财产的地区使用无人机，责任索赔的风险更高，对于消防和巡视无人机来说，物理损害的可能性很高，因此机身保险费将比平时高。由于所有因素在不同情况下都有所不同，使无人机保险定价成为一个难题。

（二）审核程序复杂

无人机投保后，机身状态、飞行状态及工作情况都需要接受专业人员的审核，意味着保险公司需要增加大量的人力成本，而且如果审核出现纰漏，将会带来一系列的理赔问题。

三、总结

随着无人机研发投入的增加，无人机在农业、电影拍摄、电力巡航、快递、大气监测和灾后救援等诸多领域都将有着广泛的应用。虽然就目前的情况来讲，无人机保险领的发展还有一段路要走，但是随着行业的持续火热，这片正在开发的荒地终会收获累累硕果。

保险科技在网购场景中的应用

杨鈜毅　张凇淳

随着互联网的普及和网络带宽的扩展，“居家购物”成为人们生活中不可或缺的一种消费方式。因此电商行业在我国迅速崛起。2017年，淘宝在“双11”购物节当天就达到1682亿元的成交额。而与电商行业相辅相成、互促发展的就是第三方物流业。在2013年至2017年这五年间，我国快递业务总收入和业务量[①]大幅增长，见表2–1。

表 2–1　中国快递业务增长速度

年份	2013	2014	2015	2016	2017
快递业务收入（亿元）	1410	2045	2760	3974	4957
同比增长率（%）	33.7	45.0	35.0	44.0	24.7
快递业务量（亿件）	91.9	139.6	206.0	312.8	400.6
同比增长率（%）	61.5	51.9	47.6	51.8	28

与此同时，在整个互联网商务交易过程中，第三方物流企业需要承担传统的维护委托运输货物在仓储、流通、加工及运输过程中的安全责任。因为互联网购物的商品信息不对称性，为了保障消费者的“后悔权”，淘宝网在2007 年首推“七天无理由退货”规则，所以互联网交易的买方和卖方需要额外承担买方退换货物时的附加邮费。因为这是互联网商务的新型风险，买家退货产生的邮费承担问题成为最常见的纠纷。2010 年，根据淘宝提供的数据，

① 资料来源：中国邮政局。

在退款交易纠纷中，有42%是买卖双方对退货邮费问题协商不一致所导致的。在整个商业流程中，保险公司为了分散上述经营过程中的风险，为第三方物流企业提供物流责任险，同时创新性地对互联网交易的买方和卖方开发了退货运费险。物流责任险对物流企业提供的运输、储存、装卸、搬运、配送服务中所造成的物流货物损失进行赔付；退货运费险对卖家和买家由于退换货物产生的额外物流费用进行赔付。

物流责任险的承保形式较为传统，主要是通过物流公司主动寻找保险公司进行承保，以物流公司年营业收入的一定比例以及附加保费收取总保费，并且根据物流公司上年度的出险情况进行保费调整。而退货运费险则在设计方面有别于传统保险产品，从最初的投保环节到最后的理赔环节都是在线上完成，理赔审核也是通过系统自行完成，由理赔审核的系统自动将赔款打入被保险人账户。此外，退货运费险的保额也是系统根据商品属性特征自动测算的。可见，退货运费险是一种运营智能化的保险产品。

由于保险业普遍存在的信息不对称的现象，道德风险和逆向选择是保险产品难以避免的两大困境。目前，物流责任险的行业痛点也无法绕开这两个话题，该险种在我国的发展受阻。这是由于我国目前物流企业中绝大多数都是小型企业，企业内部很难达到标准企业在运营管理和技术上的要求。物流行业间的激烈竞争可能会导致小型物流企业从良性竞争转向恶性竞争，为了追求物流速度和吸引物流人员而放松内部监管，比如放任分拣员进行“暴力分拣”等。物流行业包裹从发出地揽件、封装到运至目的地由收件人确认收货，途中都不允许拆开检查内部货物安全状况，而一个包裹的整个物流运输流程是由揽件、运输、储存、装卸、搬运、配送人员“接力”完成的，物流公司也很难将包裹出险率和工作人员的绩效结合起来。

以上因素都会加剧保险公司出售物流责任险所面临的来自于第三方物流公司的道德风险。虽然保险公司会根据物流公司上年的出险率对费率进行调整，但是根据对 ×× 财产保险公司上海市分公司的调查，物流责任险保单的有效期通常为 1 年，而且物流公司一般不会与保险公司续保，转而选择不购买保险或者更换其他保险公司。而物流公司和保险公司之间存在信息不对称，并且我国各大保险公司之间信息交流较少，新承保的保险公司无法了解物流公司之前是否在其他财险公司购买过这类产品以及上年赔付率的情况。同时，由于物流责任险的保费占物流公司整个年度营业额的一定比例，对于第三方物流公司来说保险费用较高，从而物流公司一般没有承保物流责任险的意识，保险有效需求较少。综上所述，如不能对高风险物流公司和低风险物流公司的保险费用加以区分，再加上保险公司和物流公司的信息不对称，那么在混同均衡市场上，寻找保险公司承保物流责任险的物流企业往往是高风险的公司。物流责任险在国内的许多保险公司被列为管控产品，例如 ×× 财产保险公司上海市分公司只与一两家小型的物流公司有着物流责任险的承保关系。传统保险产品的保费厘定依赖于“大数定律”，而物流责任险的发展受阻使得保险公司很难收集到大量的第三方物流公司的货物损失率，难以计算物流行业平均货物损失率，进而保险公司难以构建合理的费率厘定模型和保费计算方法。

退货运费险作为一个完全互联网化的保险产品，更容易受到道德风险和逆向选择的冲击。在退货运费险刚推出的时候，其以低廉的保费被人们亲切地称为“五毛运费险”，并对买家统一定价，由华泰财险公司进行承保。结果在当年发生了严重的道德风险，一方面由于退货产生的物流费用由保险公司承担，买家退货的成本大幅下降，激发了买家非理性消费，使得退货率大幅增加；另一方面，因为系统自动进行理赔核查，而且费率不会及时调整，在当年出现了买家和卖家联合进行骗保的行为，导致华泰保险退货运费险在当年发生大额亏损。此外，退货运费险同样作为对于买家的混同均衡市场，购买退货运费险的买家和卖家通常都是退货风险相对较高的客户。退货率的增加给卖家带来了直接的损失，同时也使得卖家的信用危机增加。

保险科技作为构建未来保险产业生态链的基石，可以应用到整个互联网贸易中，能够对解决新型互联网贸易流程中的保险业痛点作出巨大贡献。中国目前的保险市场和科技市场上，发展较为成熟的大数据和人工智能技术已经能够在保险业普及和推广，而刚刚兴起的能够在没有权威机构背书的情况下建立非特定人之间信任的区块链技术在未来可以解决保险业的传统困境。其中，大数据算法已经初步加入退货运费险的保费计算中。

大数据是指无法在一定时间内用常规软件工具进行捕捉、管理和处理的数据集合，需要新的处理模式才能具有更强的决策力、洞察发现力和流程优化能力以及海量、高增长率和多样化的信息资产。随着云时代的来临，互联网贸易公司对大数据的分析利用成为可能。与退货运费险刚刚推出时不同，大数据计算被加入退货运费险保费计算的损失概率模型中，退货运费险的保费会同时考虑商品属性，买家退货率、店铺退货、行业平均退货率、发货地和收货地的相对距离等众多因素，此外，利用大数据的优势可以将费率的制定具体到每个卖家和每个买家，实行精准定价。如果买家在平时交易中的退货率高，对于同一卖家的同一商品运送相同距离所承担的保费将会更高；同样如果卖家被退货率相较于行业平均水平更高，那么同一买家在该家店铺购买商品而投保的退货运费险需要承担的保费要高于其他相似的店铺。引入大数据算法之后，成功将退货运费险从混同均衡市场转型为分离均衡市场，极大限度地规避逆向选择。并且对买方和卖方有双向激励措施，促使买方进行更为理性的消费，从而降低买方以后进行互联网消费的保险费率，同时激励卖方出售更为优质和使买方满意的产品降低本店铺的退货运费险费率，降低了投保人的道德风险。大数据算法的应用改善了退货运费险的盈利空间。

目前退货运费险的理赔是通过第一层的系统自动审核和第二层人工对用户不满于系统审核结果进行上报的处理。如何将劳动力从一个纯互联网化的新型保险产品中解放出来，同时提高投保人理赔满意度，其关键在于如何提升第一层系统自动审核的准确度，而在退货运费险的理赔中引入人工智能技术可以解决这个问题。使用人工智能的目的是用机器替代人工进行繁重的科学和工程计算，并且做到更为迅速和准确，特点是可以自我学习，不依赖于单纯地由人工提供信息。将人工智能技术引入传统的退货运费险理赔系统，利用以往的投保人理赔申诉进行情景训练，不断提高智能理赔系统的完善度，逐渐将人工劳动力从理赔岗解脱出来。保险科技的应用可以使得退货运费险真正成为互联网化的智能保险产品，同时努力冲破道德风险和逆向选择两大障碍。

区块链技术是一种去中心化、去信任化的开放式数据维护技术，分布式结构节省了交易过程中的大量中介成本，不可篡改的时间戳特征可以解决数据追踪与信息防伪的问题。虽然区块链技术本身尚未成熟，还处于发展阶段，但是在未来与保险业的结合有助于突破保险业的传统困境，促使保险业转型创新。区块链技术的开放性特征可以减少保险公司和投保人之间的信息不对称问题，进而突破传统保险产品道德风险和逆向选择两大障碍。如果未来能够在各大保险公司之间设立联盟链，强调保险业的价值与协同的强关联性以及联盟内部的弱中心化，那么就能在实现保险业客户数据统一静态记录后以加密方式传送到各分布式节点。从物流责任险来说，各保险公司对各自承保的第三方物流企业每年的赔付率进行记录，并通过分布式账簿分发到其余的保险公司，使得整个行业都能获得相对公开的物流责任险赔付数据，从而扩大行业数据量，构建更为合理的保费厘定模型，解决因为保险费率过高而导致的有效需求不足的问题。同时，当物流公司更换保险公司购买物流责任险时，保险公司根据区块链技术提供的数据可得性利用自证明模式，可以对物流公司以往的赔付率进行验证，解决了物流责任险逆向选择的问题。在保险业建立联盟链，实现客户信息的行业共享，在未来能够有效地解决物流责任险因保费厘定不合理导致需求方不足以及信息不对称导致供给方管制的双重困境。

对于退货运费险来说，区块链技术的贡献主要在于防止保险欺诈这个方面。以淘宝为例，淘宝的退货运费险由多家财险公司共同承保。将智能理赔系统和区块链技术结合，在智能化理赔系统进行工作的同时，通过区块链技术的开放性和分布式账簿所提供的共识机制让保险赔付在共同承保的几家财险公司间透明化，系统将不会允许同一个事件的多次索赔。智能理赔系统可以做到对某家店铺短期内赔付次数异常报警，从而使得财险公司能对疑似骗保的行为及时作出反应。

在如今的信息社会，互联网消费已经成为个人消费的重要组成部分。而如何让远程购买的商品安全、及时、有保障地送到消费者手中是需要解决的难题。未来，区块链技术在保险业的应用可以最大限度地解决物流责任险在目前由于数据不可得而受到各保险公司管制的问题。而人工智能、大数据、区块链技术和退货运费险的结合则可以使它成为真正意义上的智能化保险合同，从费率厘定、投保到理赔都由智能化系统自行完成。综上所述，在未来，保险科技在保险业的应用能够使互联网贸易场景中的保险产品都向前迈进一大步。

第二篇　保险科技重塑传统保险业：工具箱

人工智能及其在保险业的应用前景

刘　馨

2016年3月，谷歌旗下DeepMind公司开发的人工智能程序AlphaGo横空出世，与世界围棋冠军李世石展开了一场五局制的较量，AlphaGo最终以4∶1的比分取得压倒性胜利，举世皆惊。

2017 年 12 月 29 日至 2018 年 1 月 4 日，AlphaGo 的强化版 Master 击败 16 位世界冠军，其中包括中国、韩国、日本各自最出色的棋手柯洁、朴廷桓和井山裕太，战绩停留在 60 胜 0 负 1 和（唯一一场和棋是因棋手掉线，系统自动判和）。

2017年10月19日，专注于推进人工智能研究的谷歌子公司DeepMind发布全新版本AlphaGo Zero程序，它能通过一种"强化学习"程序在与自己游戏的过程中吸取教训。这期间，除了被告知围棋的基本规则外，人类没有提供更多的帮助。经过三天的训练，该系统能够以100∶0的胜率击败2016年战胜韩国选手李世石的DeepMind软件AlphaGo Lee。经过大约40天的训练（约2900万场自玩游戏），AlphaGo Zero击败了AlphaGo Master。AlphaGo Zero不仅自行掌握了围棋技能，还发明了人类棋手意想不到的更好的棋步。

由于AlphaGo Zero未引入人类棋手的数据，不受人类知识和思维的限制，它能够自己创造知识，远远超越以前的版本。现在“人类学棋十几年，不及AlphaGo从零自学三天”的事实真的出现了，人们对此的态度分成了鲜明对立的两派。一派恐慌不已，认为人类智慧高地已经失守，未来机器人可能会在生活、工作等各方面威胁人类生存。另一派则欢欣鼓舞，认为人工智能既然能在围棋领域自学成才，就极有可能在其他人类难以解决的现实问题中实现重大突破。

人工智能革命来了，保险业与人工智能结缘已早，许多传统的保险公司和保险科技创业公司都在积极地探索人工智能在承保、客服以及理赔等环节上的潜在应用。

2012 年，新华保险就在其短信—电话互动服务平台引用了人工智能技术系统，用以解答常见的咨询问题。

2016 年 7 月 29 日，合众人寿引入阿里云的人工智能技术，提升合众人寿客服中心的产能，由阿里云人工智能小 Ai 回答大部分的用户疑问，还将电话客服语音转化成文本，把服务质量检测率从 3% 大幅提高至 100%。

2017 年 1 月，日本富国生命保险公司正式启用人工智能系统，负责公司的保险理算业务，而公司的 34 名理算员在 3 个月后正式下岗。

美国第四大汽车保险公司 Geico 在 2017 年 1 月发布了手机应用程序的虚拟助手 Kate。客户可以选择用语音或者打字的方式和 Kate 进行交互，Kate 可以就投保人目前的账户情况、下一期账单时间以及详细的险种问题等作出答复。

保险科技公司 NextInsurance 与 Facebook 达成了合作，于 2017 年 3 月推出了一款新的保险智能聊天机器人，允许人们直接在脸谱网上购买保险。

人工智能已经越来越多地应用于保险业中，但现有的人工智能技术只能称得上弱人工智能，保险公司更像是为拓展投保业务而在购买界面添加了聊天机器人和虚拟助手，仅仅将人工智能当作一个新的交互渠道。

受限于保险业务本身承保风险发生概率较低，如果按平均 1600 份保单出现一起理赔计算，在不考虑退保的情形下，要获得 100 万份理赔案例的数据至少需要卖出 16 亿份保单。相较于银行业，保险业的数据是分散存储的，保险公司要花费很多时间和精力才能建立起自己的数据库，以供人工智能系统消化分析。

以上种种因素导致了保险公司对人工智能的认知目前还仅局限在网站和移动端的应用，而这些应用的制作并不具备灵活的学习能力等功能。然而人工智能的潜力远不止这些，笔者能够想象到不久将迎来的保险人工智能方面的突破口可能有以下四个。

第一，提升智能客服机器人的对话能力，使其与客户的对话不再是简单机械地设定，而是能够理解和学习对话的内容，并给出思考后具有人类灵性的答案，为客户提供流畅而又高效的交互环境，也能胜任长时间的谈话。让人工智能客服理解自然语言对话，而非简单的短指令。除了完善本身对自动回复、单轮与多轮会话、自主学习等功能的支持，同时也采用人机结合，把机器人处理不了的问题实时反馈给人工客服，以便能够更好地服务客户。更进一步，可以结合语音识别技术，对客户的声音进行模式记录和识别分析，判断电话另一头的声音究竟是来自客户的还是拿着客户手机的其他人，从而确保客户账户信息和财产的安全。

第二，使用人脸识别技术对客户图像进行读取、绘制、储存和分析，结合智能客服机器人，当客户咨询或查询保单情况时省去大堆烦琐的文字输入或语音输入，凭借“刷脸”为客户提供需要的信息和专业的个性化服务。在保障客户信息安全的同时，提供更为方便快捷的线上保险管理平台。可以综合活体检测、证件识别、人脸对比等多种技术能力，与身份证照片对比核实，实现用户身份验证工作。

第三，在收集并消化足够多的数据后，人工智能将实现独立完成保险销售和处理复杂的理赔案件。它能通过分析客户的对话记录，帮助保险公司更深入地了解客户的需求和喜好，从而制定客户专属的服务方案。同时，保险公司还能通过语音分析挖掘潜在的交叉销售和二次销售机会。通过图像处理技术，智能指导用户拍照角度，并帮助简化和精准化理赔程序，将大大节省支付给理赔员的人工成本。同时将用户上传的照片放入庞大的图片库中进行对比，以核实投保人上传照片的真实性，减少保险欺诈行为。

第四，目前保险公司运用人工智能的一个困难是研发出的人工智能系统不能兼容所有保险公司的传统系统，因缺乏足够多的数据而使人工智能应用陷入窘境。未来整个保险业可能要有一种更开放的心态与其他领域甚至同行业公司合作，共同利用人工智能等科学技术推进这个行业的进步。

人工智能在保险业的潜力远不止当前能看到的这些，目前的保险人工智能技术仅仅是探索的起步阶段。保险公司也许可以尝试一些大胆的人工智能战略。将来人工智能可能会与保险公司共同完成保险销售环节的转型、担起管理理赔的职责、为保险公司提供分析见解、帮助保险公司提高承保效率。笔者认为，有理由相信，保险业中的人工智能拥有无限多的机会。

跨过保险业，通用型人工智能在许多不同任务上拥有超越人类的潜能。在未来，人工智能迭代产品可能会成为“科学家”“医学专家”，与人类并肩工作。

人工智能面前，传统保险公司该何去何从

李斌善

人们常说："科技最致命之处是由于效率提升而带来的失业。"比如，电商的出现给实体店带来巨大打击。我们可以看到，近几年正在兴起的人工智能有着同样的魔力，它的打击面几乎是对所有行业的：人工智能不仅在替代电子产品生产流水线上的简单劳动，即使是从事复杂工作的脑力劳动者诸如精算师、律师和基金经理等也大有一举取代之势。具体到传统的保险业，人工智能的快速发展在倒逼传统保险加速转型的同时，也在颠覆保险业的传统格局。

一、人工智能与保险业的关系

从功能性来看，人工智能是用于降低人类的劳动强度和提高产品质量的一种工具，而保险则是用于管理经营风险，优化风险管控水平的工具。对于二者之间的关系，可以归纳为以下两点：一是人工智能服务于保险业，对保险公司的经营流程进行优化和改造，在这种关系下，人工智能是服务于传统保险业的，对保险业具有服务作用；二是人工智能作用于保险标的物的风险管控，在某种程度上起到的是对保险业的替代作用。

（一）服务作用

人工智能技术的快速增长不断影响并改善着保险业的经营方式，甚至能够对承保、核保、定损、理赔和客服实现一整套的智能更替。例如，众安科技提出智能设备的构想：在智能设备的帮助下，健康保险不需要用户提供正

规的身体检查报告，而是通过智能设备实时监控用户的体征数据与每日的运动情况，再通过后台程序的一系列分析，精确无误地得到应收保费。

在理赔方面，智能合约的应用省去了投保人申请理赔与保险公司批准的烦琐步骤，只要触发理赔条件，人工智能就能实现自动理赔。这种方式无疑极大地压缩了保险公司的运营成本。

（二）替代作用

人工智能在提高效率的同时，也提高了保险标的物的风险管控力度。作为财险领域的龙头险种，在人工智能大势下车险受到的影响似乎是首当其冲的，因为未来汽车产业即将面临智能化和电动化的大浪潮。

人工智能技术在车辆制造和车辆检测方面的应用必将大大提高车辆运营的安全性，从而压缩车险市场的需求空间。大量事实证明，汽车事故发生的根源往往是不符合规定的车辆、不符合规定的驾驶者和不符合规定的驾驶状态。而在人工智能技术支撑下，大量无人驾驶汽车取代了当前人工驾驶汽车，可以大幅消除以上三种事故原因。另外，当人工驾驶汽车被无人驾驶汽车取代后，机动车第三者责任保险的购买主体将不再是目前的消费者，取而代之的是生产无人驾驶汽车的厂商以及必须由厂商购买的产品责任保险。汽车厂商在面对自身大量交通安全责任风险的时候，可能将选择通过自保公司或者类保险机制来自我化解此类风险。那么，财险市场将遭遇大量的业务萎缩，尤其是以车险为主的非寿险保险公司甚至会面临倒闭等风险。

在寿险领域，由于近年来保监会“保险姓保”等一系列举措，保险业回归风险保障，必然导致理财型保险产品结构下调，而传统保险产品，例如健康险、意外险等销售比例上升。那么在基因检测等新兴人工智能技术的推动下，寿险产品的产品设计必将发生颠覆性的变化，进而直接对传统寿险经营造成大的影响。

二、如何应对

保险业如何适应人工智能带来的变革，是当下所有保险研究者必须思考的大事。以下是笔者对于保险业如何适应人工智能发展的一点拙见。

（一）顺应变革，主动转型发展

对于保险业来说，“保险姓保”，这是政策和市场都在努力倾斜的方向。面对互联网科技和人工智能技术的迅速发展，保险业必须主动学习新技术，主动寻找与互联网科技和人工智能发展的契合点，围绕保险消费者的真实痛点，真正发挥风险管理功能，保证保险业根本职能的不变质。

（二）拟定合同，消除理解分歧

保险合同贯穿于保险经营的整个过程，其重要程度不言而喻。虽然通过最近几年的不断努力，我国保险合同质量的通俗化与规范化已经有了很大程度的改进。但是，通过最近发生的一些诉讼案件，我们发现保险合同规范化和通俗化建设才刚刚起步，而目前国内普遍存在的对于保险的“妖魔化”，正是因为保险合同规范化和通俗化建设不足所导致的。对于保险合同的改进，必须在中国保险行业协会等组织的带领下，联合业内专家，听取一线的法官、交警和律师的建议，从而为保险产品的统一理解和深入人心奠定坚实的基础。

（三）回归原始，突出风险控制

面对人工智能的大潮，保险业必须紧紧围绕保险的初始功能，保险作为一种风险控制手段，要在保证对风险绝对管控的基础上，通过风险识别和风险预防保证对标的物的风险控制能力。

如何面对人工智能发展对人类经济生活带来的变化，对于保险业来说既是机遇，也是挑战。立足保险的原始功能，坚守保险保障方向，与时俱进，加强技术应用，是传统保险公司在人工智能面前的明智选择。

未来人工智能是否会取代保险代理人

刘 馨

AlphaGo 的强化版 AlphaGo Zero 打破了人类关于机器能力的想象边界，机器不仅能按照人类的设定运行，还能像人类一样进行自我学习。随着 AlphaGo Zero 的诞生，人工智能迈入前所未有的新阶段，技术能给人类带来的远不止是现有认知能力所见的。近几年网络购物对零售行业造成巨大的冲击，如今人工智能同样会使保险业的很多岗位产生调整和变化，保险代理人就是其中一个。

一、人工智能技术相较于传统员工在保险代理人行业的应用优势

一是显著降低经营成本。日本寿险巨头 Fukoku 人寿保险公司 2017 年 1 月引入 IBM 研发的人工智能系统 Watson，它可以像人类一样思考，并分析和理解包括非结构化文本、图像、音频和视频在内的多种类型的数据。Watson AI 系统被应用在 Fukoku 公司的理赔环节，它负责阅读医生撰写的医疗证明和其他文件，以收集保险理赔资金所必需的信息。据 Fukoku 公司评估，Watson AI 系统能够在一个财务会计年度内核查约 13.2 万宗案例。虽然购买 Watson AI 系统需花费约 2 亿日元，此外每年的维护费用约为 1500 万日元，但人工智能系统应用为理赔部门裁员近 30%，为 Fukoku 公司每年节省约 1.4 亿日元开支。保险科技帮助理赔部门减少成本的力度尚且如此，人工智能为占据日常成本比例更大的营销承保部门降低的费用只会更加显著。从营业费用管控方面看，保险公司将人工智能引入保险销售阶段只是技术成熟的时间

问题。

二是智能保险代理人更加迅速、精准、个性化和安全。2016 年 1 月，马萨诸塞州的保险科技创业公司 Insurify 推出了自己的线上保险代理智能机器人虚拟保险代理专家（Expert Virtual Insurance Agent，EVIA）。只需“看一眼”车牌照片，就能让客户享受量身定做的保险推荐，这无疑是一项革命性的服务升级。投保人只要拍下车牌照片并发送给 EVIA，它就能从数据库中立刻搜索到车主的个人信息和驾驶记录，再经过保险产品的对比筛选，把保险政策、推荐产品及报价信息反馈给顾客。根据投保人对车辆的权利不同，EVIA 还会问一些问题，比如车辆是买的还是租的，之后才会开始发送适合投保人的保险计划。在整个过程中，客户都可以直接向 EVIA 提问，比如把对某些保险条款的问题发给 EVIA，它会根据自己已录入的知识给出答案。如果 EVIA 知识库没有涵盖该问题，将会有一个真人员工对客户进行回复。虽然 EVIA 不能解答的问题仍然需要由真人完成，但 EVIA 确实能够胜任保险代理人的基本职责——咨询和提出基本方案。EVIA 的智能性不只体现在投保咨询上，为了保护车主的信息安全，它只会提供照片中汽车的保险报价，并不会给出更多有关车主的信息。

越来越多像 EVIA 这样结合大数据和人工智能的机器保险代理人将面世，完美解决客户的需求，每一份保险都是私人定制，独一无二。智能保险代理人将为客户建议最适合他们的保险，解答客户的所有疑问，甚至对保单的后续服务提供支持。随着科技的进步，保险代理人行业的全面电子化不再是假想。

三是人工智能将大幅推进保险产业专业化。截至 2018 年 6 月 23 日，中国保险业有 93 家人身险公司、87 家财险公司、12 家再保险公司、1 家专属自保公司、3 家农村保险互助社和 1 家相互保险社。在约 200 家企业中，业务完成得非常精细化的公司仍为少数，多数公司经营相对粗放，这使得专业化服务成为保险业市场在未来发展中制胜的关键。而在该点上，人工智能无疑成为助力保险专业化的有力工具，人工智能不仅能完成人类代理人的职责，还能胜任人类难以做到的工作。随着经济制度完善、消费者理念升级，用户将有更多资产需要配置，标准化的保险产品无法满足千变万化的财富和风险需求，用户势必希望有一个定制化的保险产品，而现阶段的代理人难以满足这个需求。另外，保险产品逐渐完善，作为一个跨界的行业，与汽车、财产以及健康等结合得越来越紧密，保险本身变得越来越复杂。对于个人而言，通过了解所有的行业来匹配客户的保险需求是不可能完成的事情，即使专业代理人也很难做到。这就需要保险代理人进行精细化的分工，但这无疑给消费者带来选择上的不便。而人工智能技术的运用可以解决一切专业性的问题，机器通过数据的录入和训练可以迅速成为保险专家。事实上，传统保险业模式失灵现在已经出现。保险业格局将发生重大变化，正视人工智能给保险业带来的冲击和机遇已经刻不容缓。近两年中国保险业与互联网行业巨头逐渐开始相互渗透，BAT 纷纷布局保险领域并申请保险中介牌照（见表 2–2），两个行业之间的高管等人才互换也日渐频繁。

表 2–2　BAT 互联网公司布局保险业情况梳理

BAT 互联网公司	旗下保险公司	成立、入股、拟设立时间	是否获保监会批复可营业
百度	百安互联网保险公司（拟）	2015 年 11 月 18 日	否
	互联网车险公司（拟）	2016 年 6 月 8 日	否
阿里	众安在线财产保险股份有限公司	2013 年 10 月 16 日	是
	国泰财产保险有限责任公司	2015 年 9 月 14 日	是
	信美人寿相互保险社	2017 年 5 月 5 日	是
	杭州保进保险代理有限公司	2017 年 7 月 26 日	是
	上海蚂蚁韵保保险代理有限公司	2016 年 3 月 25 日	否
	阿里健康保险股份有限公司（拟）	2016 年 4 月 21 日	否
腾讯	众安在线财产保险股份有限公司	2013 年 10 月 16 日	是
	和泰人寿保险股份有限公司	2017 年 1 月 20 日	是
	微民保险代理有限公司	2017 年 9 月 28 日	是

二、国内外保险代理人行业特点和人工智能技术应用现状

在人工智能和大数据等科技进步、对保险代理人中低端服务需求增加缓慢以及一些保险代理人采取的销售模式对消费者存在误导而引发严格监管三方面的发展趋势下，多数发达国家的保险代理人数量在逐渐缩减。美国保险科技公司在人工智能保险中介方面下足了功夫，例如 Lemonade 推出 Maya 的智能保险经纪人；保险创新企业——Sure 公司基于上线实时与客户聊天获得的信息为客户进行按需定制保险的平台；NextInsurance 与 Facebook 达成了合作，于 2017 年 3 月推出一款新的保险智能聊天机器人，允许人们直接在 Facebook Messenger 上购买保险。现有的发达保险市场逐渐由佣金模式转为由客户付费模式。全球已有芬兰、丹麦、澳大利亚、英国、荷兰和挪威 6 个国家取消了代理人的佣金制，禁止保险公司向营销员支付佣金。

而在中国却出现了一个非常独特的现象：数据显示，中国保险营销员由 2011 年第一季度的 333 万人发展到 2017 年第一季度的 697.45 万人，2017 年第一季度比 2016 年第一季度增长 191 万人，年增速达 40%。如果按照目前的行业增速不变，两年后国内保险代理人数量将突破 1000 万人。这可能是由于中国保险市场还处于较为基础的新兴阶段，早年间的运作模式和产品服务都不成熟，在保险代理人管理方面尤为混乱，以至于市场上普通消费者对保险的销售形式颇有不满。目前中国保险业正处于快速发展阶段，保险代理人也相应地迎来扩张热潮。而作为保险代理人这个团队本身，其人员的流转率相当高，留存率很低。如果可以把流转率降低 10%，把保险代理人的生产力提高 10%，这个行业的服务质量和从业人员的境况都会大有改观。

国内许多传统保险公司和保险科技创业公司都在积极地探索人工智能在承保、客服等环节的潜在应用，但就目前情况来看，在保险中介层面对人工智能的运用尚显基础，主要集中在保险公司网站的在线投保、客服方面。

一是 2012 年，新华保险就在其短信—电话互动服务平台引用了人工智能技术系统，用以解答常见的咨询问题。

二是2016年7月29日，合众人寿引入阿里云的人工智能技术，提升合众人寿客服中心的产能，由阿里云人工智能小Ai回答大部分的用户疑问，还将电话客服语音转化成文本，把服务质量检测率从3%大幅提高至100%。

三是2016年11月18日，泰康在线基于对海量大数据的系统化分析，在人工智能领域打造推出智能保险专家“TKer”机器人，能够用人脸识别和语音交互功能为保户提供查询保单的服务。

三、人工智能在保险代理人行业的发展前景

新技术的发展给各行业包括保险业带来巨大的挑战和机遇，利用保险科技促进定价、销售、理赔和服务是未来发展的方向。人工智能将推动保险业改变传统销售方式和运营方式，与此同时，简单的咨询、客服工作也将逐渐被人工智能取代。在接纳新技术带来改变的同时，对原有的行业结构变化、特定岗位人员缩减同样重要。

人工智能是整个保险业的历史机遇，保险业正经历缺乏突破的“瓶颈”期。而人工智能则是一条新的起跑线，其出现会在很大程度上抹平原本存在巨大鸿沟的大小保险公司的种种差异。对所有保险公司来说，这是一个相同的新起点，那些敢于创新、拥抱新科技的公司将更有机会抓住历史机遇。

但以上种种并不意味着人类保险代理人将被彻底取代。人工智能不是万能的，尽管国际代理人数量收缩，但真正的保险顾问永远有用武之地。首先，人具有复杂的情感，客户在投保时往往是感觉缺乏安全感，需要的是关怀和理解，而非机器冷冰冰的回复，所以笔者认为客户可能更渴望与真人面对面交流，或者至少是电话交流。其次，人工智能等科技技术最先取代的是高度重复化和程式化的工作，当面临预先不可判断的突发情况时，人工智能等科技技术不能处理，此时人类员工的机动性、灵活性和情感性优势就变得分外明显。而且，人工智能难以胜任的工作中需要的是创造力，而非简单走流程或自我学习的环节，当客户在咨询投保过程中遇到临时需要处理的公务、私

人事务，或者仅仅是一时的兴趣表露或注意力转移，比如客户一时兴起聊起了对音乐的鉴赏，人类保险代理人能够与其无缝对接，实时与客户互动并满足客户各方面的诉求，带来更加具有关怀度和广泛度的用户体验。再次，人类思想的基础由理性思维与感性思维共同构建，人工智能技术可以做到在理性思维和逻辑分析能力上远胜于人类本身，但是感性思维层面具有打乱算法的跳跃性，科技本身缺乏人类社会的道德约束，这将成为人工智能运用于保险代理人行业的最大缺陷。最后，人工智能需要大量数据进行训练，而保险业的数据缺乏时间的连贯性和观测对象的完整性，如果不能获得大量的闭环数据或者持续数据完善人工智能系统，其在保险业的应用就难以突破"瓶颈"。

不远的将来，人工智能必然改变保险业，同时给传统的保险代理人行业带来冲击，也对保险代理人的水准提出了更高的要求。中国保险市场成熟度不断增加也会进一步推动保险代理渠道多元化发展。在科技和行业发展中依然能够留存下来的应该是掌握全面的风险控制技能和理财知识的保险代理人，他们作为提供高端服务的保险顾问，可以为客户提供系统全面的保险规划和富有人性化与情感化的交流与服务。

刷脸时代来临，保险公司未来怎么玩

方　玺

2017 年 9 月 13 日，苹果公司召开发布会，其中备受瞩目的当属苹果公司首款全面屏手机 iPhone X，它的特别之处在于采用 Face ID 人脸识别作为手机解锁和支付的手段。与此同时，国内厂商小米、vivo 等也各自推出带有人脸识别功能的手机，识别速度都在毫秒级别。

不仅是手机领域，人脸识别技术也正在加速渗透金融、医疗、邮政等行业，未来必然有着广阔的应用前景。随着刷脸时代的到来，保险业又会经历怎样的变化，值得我们去思考。

一、为什么保险公司需要人脸识别技术

如今的保险业已离不开互联网，而在网络上，身份识别和认证无疑是十分关键的。在传统的保险流程中，顾客购买保险需要拿着身份证、户口本以及一系列材料去保险公司证明“你是你”，在理赔时也需要提供各种证明，用于通过保险公司烦琐的审核，这不仅耽误时间，也降低了用户购买保险的意愿。虽然越来越多的人选择在互联网上购买保险，简单又便捷，但当用户需要变更保单信息、更改绑定手机号码或是退保等业务服务时，保险公司依然面临证明“你是你”的问题，这导致该类业务不能在网上进行远程办理。而人脸识别技术正是解决这一问题的关键，保险公司通过手机等设备的人脸识别功能，现场收集用户的脸部信息并与数据库进行对比，几秒钟就可以对用户的身份进行科学客观的验证，从而避免到柜台办理的麻烦和烦琐的线下

流程，保障了客户信息的安全性，提升了服务的即时性和智能化。

二、人脸识别真的安全吗

人脸识别技术是根据人的面部五官和轮廓的分布等脸部特征进行身份识别的一种生物识别技术，该技术通过计算机与光学、生物学、声学和图像处理等高科技手段和技术相结合。人脸识别技术主要包括以下五个步骤。

一是人脸检测，检测图像中人脸位置，定位人脸上的五官关键位置坐标。

二是人脸特征（face feature extraction），将一张人脸图像转换成一串数值，也就是所谓的“人脸特征”，它具有表述人脸特征的功能。

三是人脸比对，衡量两个人脸之间相似度的算法，输入的是两个人脸特征，输出的是两个特征之间的相似度。

四是人脸活体，判断人脸图像是否来自真人，是否是照片、视频等“假体”图像。

五是人脸识别，通过以上步骤获得两个人脸特征的相似度，输入相应数据与预设的阈值进行比对，验证这两个人脸特征是否来源于同一个人。

以上五个步骤表明人脸识别并不是一个简单的过程，特别是近年来，随着深度学习算法的成熟和大数据的广泛运用，人脸识别的准确率得到大幅提升，目前人脸识别技术的识别正确率可以达到 99.5%，比人眼在同等条件下的识别正确率 97.52% 还要高，达到比肉眼还更精准的水平。在数据传输与处理方面，可以采用离线版人脸识别 SDK 技术，在传输的过程中无须传输用户图片，而是由终端设备直接将图片信息转化成加密编码，传输给企业的远程服务器，服务器进行识别处理后再传递给终端设备，两者协同工作，使人脸识别效率和准确率达到最优。在增强实用性的同时，对客户隐私也具有绝对的保障。

当然，任何技术都无法保证绝对安全，这个取决于安全和应用之间的平衡。对于人脸识别，我们追求的只是相对安全，所做的只是控制风险，并把风险降低到可承受范围内。其实，目前的人脸识别技术距离成熟还有一段距离，依然需要在硬件、软件上取得不断突破，这样才能逐渐被广大客户所接纳，才能让客户用得放心。

三、人脸识别如何运用在保险业中

基于近几年算法和大数据等技术的快速发展，人脸识别技术开始应用到保险的各个方面，投保、理赔和回访等传统模式都可以应用人脸识别技术，主要包含以下几个方面。

一是自助投保，客户通过手机应用程序上的人脸识别功能，确认客户身份信息进行直接投保。

二是保单查询，通过对人脸、语音等信息的识别功能进行保单查询。

三是业务办理，确认身份后，客户可通过集成在软件上的不同功能，用手机直接办理业务。

四是防范骗保，捕获当前客户照片并与身份证照片进行比对，识别业务场景中的客户是否为“真人”，且为“本人”，防范骗保行为，降低风险。

以上人脸识别技术的运用，对于保险公司来说，不仅能更加快捷地完成客户身份核实工作，减少人工成本，也能帮助保险代理人科学高效地处理各项业务，并降低了风险。目前，国内保险公司正在积极应用人脸识别技术，以平安人寿针对保险代理人开发的“口袋 e 行销”APP 为例，投保人通过该程序的人脸识别功能进行身份验证时，只有满足实人、实证和保单的三个方面身份确认，保险代理人才能为客户代办保全业务申请。

实际上，人脸识别在保险业的价值还远不止这些。在未来，随着诸如人脸识别、语音声纹识别、深度学习及大数据等技术的结合，人工智能技术的不断开放将有效降低保险公司的人力成本，简化操作流程，提高客服、反欺诈等业务的效率，同时提升客户的隐私安全。毫无疑问，人脸识别技术必将成为未来保险业非常重要的技术载体，必将促进保险服务水平和效率的提升。

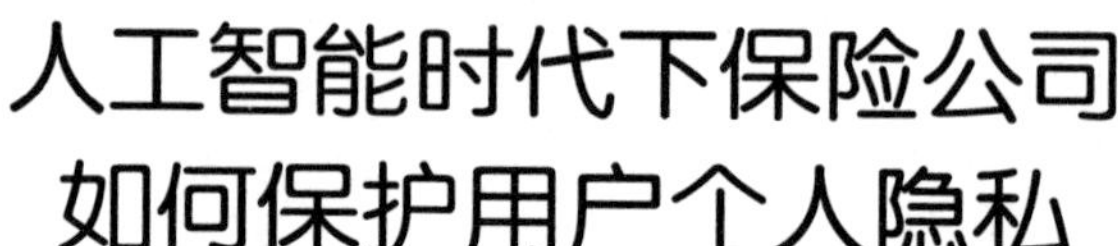

人工智能时代下保险公司如何保护用户个人隐私

方　玺

近几年，世界范围内的保险公司开始尝试利用人工智能技术解决传统业务中存在的问题，而且效果显著。人工智能不仅可以简化繁杂的线下程序，提升用户体验，还能够降低保险公司的经营成本，提高效率。显然，人工智能的实现，离不开海量的用户数据收集和基于大数据的挖掘分析，而在这些数据的采集、调用和挖掘过程中，用户的隐私有没有受到侵犯呢？不管答案如何，保险公司对于用户个人隐私数据的保护是责无旁贷的。

对于保险公司而言，获取用户数据，不仅有利于挖掘用户深层次价值，帮助实现当下商业价值的提升，更有可能主导其未来的发展，所以每家公司都希望拿到更多的用户数据。而在人工智能时代，保险公司收集数据的方式发生了变化，依赖智能家居和可穿戴智能设备等产品，保险公司可以直接通过传感器来收集数据，数据收集的数量和层次远远超过传统方式。保险公司借助人工智能，可以清楚地知道客户的车辆违章次数，可以准确地知道客户每次喝酒后血液中的酒精含量，也可以了解客户家里的水管电路是否出现故障……这些用户信息不断被保险公司收集，但其中有多少是用户自愿的，多少是安全的不会被泄露的，目前还没有一个统一的标准，人工智能对于用户数据的收集已经悄然进入个人隐私保护的灰色地段。

如今，很多互联网公司声称，它们收集来的用户信息不会侵犯用户隐私：第一，收集用户信息是必要的，这样有助于改善产品或服务；第二，信息收集是匿名的，并不保存任何用户的身份信息。很多人以为匿名就意味着无法关联到具体的某个用户的信息，但实际上，匿名并不能完全保证用户的隐私安全。2006年，美国的一家影视公司Netflix举办了一个比赛，比赛要求在公开数据上推测用户的电影评分。Netflix把数据中唯一识别用户的信息抹去，“仅仅保留了每个用户对电影的评分和评分的时间戳”，认为这样就能保证用户的隐私。但是，在2007年两位研究人员通过关联Netflix公开的数据和IMDb（互联网电影资料库）网站上公开的记录就能够识别出匿名后用户的身份。最后，Netflix因为隐私原因宣布停止这项比赛。

由此可见，匿名收集也不是绝对安全的，那还有别的方法保护我们的隐私吗？这方面我们可以参考一下苹果公司的做法。苹果公司在 WWDC 2016 的主题演讲中，讲到差分隐私这个密码学中的概念，差分隐私就是在查询结果里添加随机化“噪声”，而不会显著改变查询结果，以保护个人信息。简单地说，差分隐私就是加入随机性，使得查询 100 个信息和查询其中 99 个的信息得到的结果是相对一致的，那么攻击者就无法通过比较（差分）数据的不同找出第 100 个人的信息。但由于在结果中加入大量随机性，导致数据的可用性急剧下降，所以究竟加入多少“噪声”（随机性），可以实现隐私保护和数据分析的最佳平衡，目前还在研究之中。

正如亚马逊 CEO 杰夫·贝索斯在 Re/code 大会上所说的那样，保护隐私是这个时代的难题。如果用户的隐私得不到有效的保护，那么用户就会一直对收集信息的人工智能存在戒备心理，也会因此拒绝将私人信息分享给保险公司。面对这种情况，保险公司首先需要制定一套自我约束的机制，未经用户授权不得暗自收集个人隐私，要“取之有道”；其次，要在发展人工智能技术的同时，注重对用户隐私的保护，防范用户信息的泄露和滥用；最后，数据收集要“取之于民，用之于民”，以服务客户为中心，实现用户利益的最大化。这是整个行业可持续发展的前提，也是保险公司的社会责任。

远程信息处理技术与车险

陈　林

近年来，继金融科技（FinTech）改变人们对传统金融服务的认知之后，保险科技（InsurTech）也逐步登上舞台。面对传统保险业的种种问题及弊端，在未来 3~5 年里，保险科技势必会使其发生天翻地覆的变化。当前，包括美国、德国等在内的发达国家已掀起了一波保险科技狂潮，而这其中以远程信息处理保险技术最为突出，它作为保险科技中发展最为迅速的一部分，对保险公司盈利的影响也是最大的。

一、远程信息处理技术与保险

远程信息处理系统由一系列硬件和软件组成，主要是指各远程终端借助通信网络进行信息的传递与处理。目前，保险业在远程信息处理技术上运用最多而且较为成功的是在车险方面，国内也称为车联网。传统上，保险公司在对车险定价时仅考虑车因子（车型、车龄等）和人因子（年龄、性别）等信息，并未涉及驾驶员的行为因素。而在一些国家，保险公司通过远程信息处理系统收集不同投保人在使用汽车过程中的数据（包括里程数、行车路线、驾驶员行为习惯等），由此进行更精确的风险评估和定价，并提供更适合个人的差异化服务。

二、利润增值

从国际的角度来看，运用远程信息处理技术的保险公司主要在以下几个方面影响创造价值。

一是风险选择。一方面，保险公司可以通过汽车传感器所收集的信息进行更准确的定价并实时调整；另一方面，还可以凭借信息监视来阻止危险客户对保险产品的购买，从而减少逆向选择和欺诈的出现。

二是增值服务。在提供车险服务的同时，保险公司还可以凭借远程信息技术处理收集到的信息和捕捉到的客户需求提供额外的增值服务，如安装黑匣子的同时进行汽车防盗，或者获取支付权限简化停车、加油等收费项目的步骤。

三是索赔及客户忠诚度。借助远程信息处理技术，一方面可以加快保险公司对客户的索赔管理，改善客户的体验感和忠诚度；另一方面，可以更加客观、准确地取得事故信息，增加保险公司评估索赔的能力。

三、实施存在的问题

在过去的几十年里，各国对基于远程信息处理技术的车险投入了较多精力，希望抢占先机并获得定价和营销优势，但进展相对较为缓慢，在实施过程中主要遇到以下两类问题：首先是成本及技术的限制，远程信息处理系统对汽车的运用需要装载额外的硬件设备，并且实时的信息收集对网络、云技术等有一定要求；其次是个人隐私问题，一些投保人对保险公司对自身信息的采集存在很大的担忧，这也妨碍了该类保险科技的发展。

四、现状与结论

当前，美国、英国、意大利等国家已将该项保险科技变为现实（特别是意大利，其市场渗透率已经超过了 20%），在整个价值链中产生了积极的影响，同时为自己和客户创造了价值，但是它们在挖掘远程信息处理技术的价值上还存在很大的空间。转看东南亚国家，在过去的 3 年里进步也很明显，各保险公司主要关注基于使用行为的保险（Usage-Based Insurance，UBI）。2015 年 5 月曼谷保险公司 PCL 首先推出了 UBI 相关计划，2016 年新加坡也紧随其后进行了相关领域的布局。从前文可以看出，远程信息处理技术和保险业的结合作为一个新的浪潮，不仅仅给保险业创造了新的利润点，同时也给投保人带来了更舒适、便捷的体验。而我国的车险在财险中占据主导地位，在未来有很大的发展前景，这也将为我国保险公司带来可观的利润。

保险公司缘何青睐“可穿戴设备”保险科技

陈 林

根据普华永道2017年的全球保险科技调查报告，约有45%的传统保险公司已经和保险科技公司达成了合作关系，而这其中也有不少与可穿戴智能设备相关的案例，例如，Beam科技公司研发的蓝牙牙刷用于监控牙刷的使用频率和时间；糖尿病管理医疗公司WellDoc开发的BlueStar应用在给病人提供指导和疾病教育的同时收集相关信息，为相关医疗保险公司减少长期的开支。而在国内，较为成功的要属众安保险公司推出的“步步保”，它也是我国首款与可穿戴智能设备及运动大数据结合的健康管理计划，其合作方包括小米运动和乐动力应用程序等，在功能上不仅可以获取用户的健康数据，还可以凭借运动抵扣保费的形式激励使用者参与运动，从长期角度降低保险公司的理赔额。

可穿戴智能设备，顾名思义是指应用穿戴式技术对日常穿戴进行智能化设计、开发出可以穿戴的设备的总称，包括手表、眼镜、耳机和手环等。相对于智能手机而言，可穿戴智能设备既具备了“智能”的特性，又拥有更加便捷、舒适的优点。近年来，可穿戴智能设备发生了从“提供工作便利和娱乐”到“增加健康因素监测的功能”的转变，帮助使用者随时了解自身的健康状况。恰好，这些健康数据正是健康保险公司所急需的。

各保险公司迫切想要抢占基于可穿戴智能设备的保险科技，其考量主要包括：首先，实时获取用户的健康信息，提供更全面、更准确的健康诊断，为保险公司定价的精准性提供保障，以提高盈利性；其次，保险公司可以利用健康大数据，提供更加个性化的保险设计方案，从而吸引更多的投保者，获得更大的市场份额；最后，在营销手段上，采取“多运动攒积分”抵扣或降低保费等行为，激励投保者提升自己的健康水平，降低保险公司的赔付率。此外，保险公司运用可穿戴智能设备所收集的相关信息，还有助于保险公司对消费者进行其他保险险种的精准营销，并且为情景化营销模式带来可能。

不过，虽然可穿戴智能设备相对于过去几年无论是在科技水平还是市场销量上都提升了不少，但其在与相关保险公司结合的实施过程中仍然存在不少挑战，主要表现在以下三个方面。一是消费者的自我隐私保护。作为一个能够实时获取自身信息的装置，消费者在使用过程中难免会担心自身信息遭到泄露，或被黑客所监视，从而产生抵制行为。二是数据的精准性。精准性主要表现在两个方面：一方面是智能设备对人的健康因素的测算并非 100% 准确，可能因为不同人的使用习惯不同而存在偏差；另一方面是在使用人群上，购买健康检测设备的人大多是注重健康、热爱运动的群体，在投保的积极性上会有所降低，而那些缺乏健康意识、未使用可穿戴智能设备的投保人则无法被列入健康大数据库中。三是设备的普及率和流失率。当前国内市场上，虽然可穿戴智能设备的销量较之前大有提升，但由于价格等因素，整体的普及率仍然较低。此外，即使购买了相关产品的消费者也并非会长时间一直使用，这给数据的采集也带来了一定难度。

近几年，随着科学技术在智能手机发展上的一再突破，一股更新更强的可穿戴智能设备潮流正在涌来。根据美国咨询机构 IDC 公布的全球可穿戴智能设备销量数据，2016 年第三季度的整体销量高达 2300 万只，而在 2013 年一整年的销量也只有 1500 万只。CCS Insight 乐观地预计，到 2020 年，可穿戴智能设备的全球销量将高达 4.11 亿只，市场份额有望突破 340 亿美元。可穿戴智能设备作为一种新潮流的技术创新，不仅给人们带来了生活上的乐趣和便捷，还为各健康医疗保险公司带来新的商业模式，在可预见的未来其和保险业的关系也必将会更加紧密。

保险科技：减缓医保基金压力的医保控费

徐　炜

自 2008 年以来，由于参保人数提升、就医需求释放、抗生素和辅助用药滥用等因素，我国城镇基本医疗保险基金和新农合基金的收入增速持续低于支出增速，并且两者的基金节余率整体呈下降趋势，医保基金的支付能力出现问题。为此，医保控费成为目前医疗保险领域亟须解决的问题。

21 世纪以来，随着云计算、物联网、人工智能、大数据等前沿保险科技的蓬勃发展，以海虹控股、万达信息、卫宁软件、平安保险等为代表的科技公司或部门凭借多年技术积累，打着医疗福利管理的旗号，纷纷介入这个领域，努力为医保控费提供解决方案。本文将从医保控费的角度解析保险科技的运用。

一、医保控费：城镇医保基金和新农合基金的难题

实际上，近十年来随着我国经济的快速发展，医保基金的收入和支出（城镇医保基金与新农合基金合计）均保持高速增长态势，但是如图 2–3 所示，自 2008 年开始，我国社会医疗保险基金的收入增速除 2011 年以外均低于支出增速，并且数据测算也显示，基金收入年均复合增速为 22.1%，支出复合增速则为 26.1%；图 2–4 则表明城镇医保基金和新农合基金的节余率整体呈下滑趋势。这些迹象暗示我国医保基金即将面临入不敷出的窘境，医疗支出膨胀过快，医保控费迫在眉睫。

（亿元）
医保基金收入
医保基金支出
支出同比增速
收入同比增速
（%）
14000
12000
10000
8000
6000
4000
2000
0
50
40
30
20
10
0
2005
2006
2007
2008
2009
2010
2011
2012
2013
2014
（年）

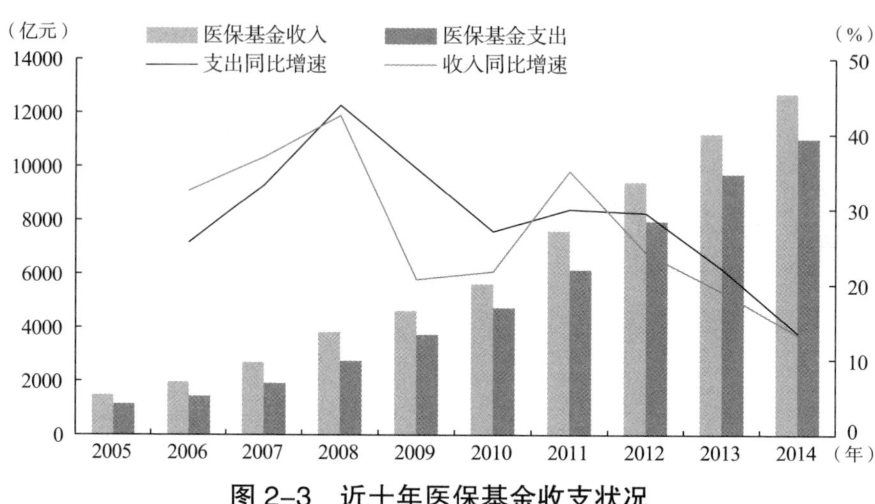

图 2-3 近十年医保基金收支状况

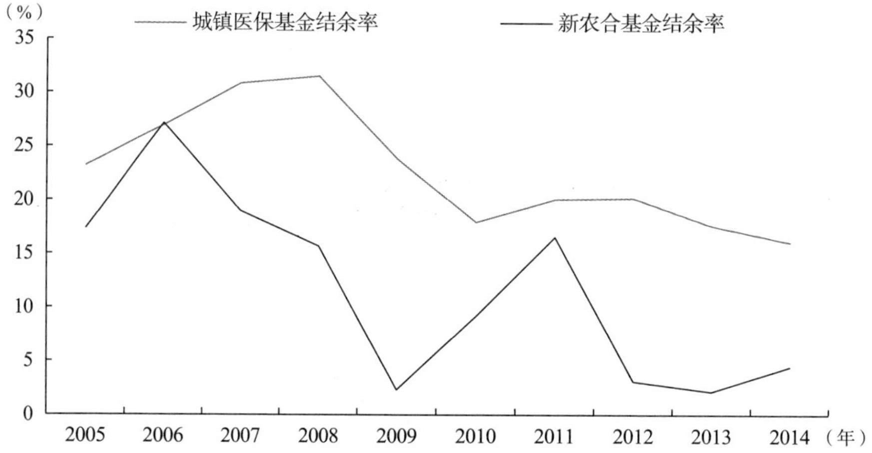

（%）
城镇医保基金结余率
新农合基金结余率
35
30
25
20
15
10
5
0
2005
2006
2007
2008
2009
2010
2011
2012
2013
2014
（年）

图 2-4 近十年城镇医保基金和新农合基金节余率

二、保险科技在医保控费中的运用

2017 年《中国保险科技发展白皮书》中明确指出，保险科技（InsurTech）首先是科技，其次才是保险，泛指在以保险为核心的相关领域中的现代高新科技，如区块链、人工智能、无人机、大数据、云计算等，它们被广泛运用于保险产品创新、保险营销和保险公司内部管理等方面。

保险科技如何在医保控费中大显身手？以下将从海虹控股、万达信息、卫宁软件、平安保险等科技公司或部门的业务模式出发，解析其中保险科技的运用。

1. PBM 业务

所谓PBM(Pharmacy Benefit Management)，是指一种起源于美国的专业化第三方服务，其服务目的在于控制医疗支出水平、提升医疗服务效率。PBM服务商与药企、医院等医疗服务机构或保险公司签订合同，约定在不降低医疗服务质量的条件下，通过恰当地影响医生或药剂师的处方行为，达到节制药品费用的目的。它的焦点在于对医生处方进行审查，并在保证疗效的条件下进行一定程度的修改，实现用价格较低的药物替换处方中价格高昂的药品，也就是说，PBM服务流程的重点主要集中在对处方的审查以及替换修改上。而在技术层面，支持这种处方审核的基础便是拥有完善的药品数据库、处方标准数据库、临床医学数据库等。以海虹控股为例，公司于2009年与美国最大的PBM服务商ESI合作，引入技术支持，并结合全国24个省（直辖市）、近200个地级市的业务布局进行多年的数据积累，目前已形成海虹临床数据库、药品标准数据库，以及ESI基础上的中医药数据库，共覆盖18个子数据库。在此数据基础上，海虹控股开发的智能医保审核平台可以在诊疗时自动审核医生医嘱，向医生发出建议警示，医生可以根据明细警示情况及时调整医嘱，从而避免过度用药、昂贵用药，达到控制医疗费用的目的。

2. 医保智能监控

2016年国家审计署对医保基金的专项审计中披露，一些医疗服务机构和个人通过虚假就诊、分开住院、伪造异地发票等手段非法诈取医保基金超2亿元。为此，2016年人社部明确提出全面推广医保智能监控，抑制骗保事件发生。医保智能监控平台通过人脸识别、智能手环等硬件，以物联网技术、网络技术、数据库技术和软件技术为基础，采集患者相貌体征以及基础生命体征，能对患者进行身份识别和病史信息分析，有效控制挂床、虚假住院、冒名顶替、假发票等现象，同时促进医院对患者的管理。以平安集团自主研发、目前已运用于福建厦门的智慧医保信息管理平台为例，该系统可以实现全流程智能化精准监控，包括：事前预警，即医生在读取医保卡信息时系统实时提供参保人的历史就医信息，如近期就诊次数、就诊医疗机构数等，可将病人频繁就医等异常行为向医务人员自动提示；事中干预，对超量开药、提前取药、违反医保三目录规定等违规嫌疑行为进行警示；事后审核，系统根据预先设立的规则，对所有定点医疗机构上传的单据数据逐条审核，筛查违规行为和疑点，供医保审核人员查看。

3. DRGs 医保付费方式改革

所谓DRGs（Diagnosis Related Groups），是指诊断相关分类，起源于美国，它根据病人的年龄、性别、住院时间长短、临床诊断情况、症状、手术明细、疾病严重程度等众多因素把病人分入500~600个诊断相关组，然后决定应该给医院多少补偿，而补偿的支付标准则完全取决于治疗该病种所消耗的医疗资源。在这种付费方式下，医院将不再简单地追求绩效奖金，而是侧重于节约成本，从而实现降低医疗费用的激励。显然，无论是疾病分组还是分病种医保支付标准的确定，都是基于庞大数据的支持。以云南玉溪与北京西马远东医疗投资公司的合作为例，该公司对玉溪市3年来215800份病例基于DRGs相关因素进行分组数据筛选，然后基于特定费率和权重的计算方法进行费用统计分析，制定DRGs费用支付标准，形成付费数据库。当然，以上疾病分组和付费标准的确定只是整个DRGs信息化管理流程中的核心部分，在此基础上还衍生出包括费用控制、临床路径管理、服务绩效评价等环节的一整套基于大数据支持的综合系统。

保险科技让旅行更安全

曹思卿

随着人们的风险意识逐渐增强，越来越多的人出门的时候会选择购买各种各样的旅行险。旅行险的作用在于，当出现意外或者财物丢失的时候，被保险人可以从保险公司获得赔付，从而起到风险转移的作用。

传统的旅行险往往是针对某个群体或出行地区，根据各种精算假设统一定价。然而，近些年，随着计算机技术的发展，保险科技这个名词开始进入人们的视野。将计算机技术应用于保险领域，可以实现完全自定义的保单设计，同时，运营方可以通过数据挖掘获得全面的风险信息，进行风险评估并传达给用户，使用户可以事先知道自己面对的风险，并采取相应的防范措施，从而最大限度地减少损失。

以瑞典的一家公司 Global Warning System（GWS）为例，该公司创立于2009 年，致力于为公司或个人提供基于移动终端的出国旅行风险管理服务。其产品 Safeture 是一个手机应用程序，向用户实时提供关于出行的安全威胁、自然灾害、行程延误等相关信息，并进行风险评级。另外，为了使用户充分了解他们所处的环境，Safeture 也提供国家风险信息、当地医疗机构地图、最新的紧急电话号码，而且可以实时追踪用户所处的位置并发送给相应的联系人。

目前，GWS 拥有两项已获批的专利和一项待批准的专利，分别是移动终端定位系统及紧急情况预警服务，同时，GWS 也在不断改进技术以提高服务水平。

针对不同类型的客户，其产品分为以下三类。

1. Safeture Go：适用于偶尔派遣员工出差的小型公司或组织

个人安全和旅行预警服务会发送警报、安全通知及旅行信息给用户，每次行程结束后支付费用。旅行警报包括安全威胁、火灾、极端天气、自然灾害、社会和政治冲突、恐怖主义活动，同时，平台也会向用户提供针对目的国的特定的差旅建议。

通过使用该平台，公司可以实时和出差员工联络，平台向出差员工发送正确及时的安全警报，并确保员工可以及时获得当地的救助服务。

2. Safeture Pro：适用于经常派遣员工出差的企业

该产品包括 Safeture Pro 应用程序和一个旅行管理平台。应用程序确保出差员工及时收到安全警报，旅行管理平台使雇主可以实时获得派出员工的差旅信息及下一站目的地。该产品可选择按月或按行程支付费用。

3. Safeture One：适用于单个旅行者

Safeture 将以短信的形式向用户发送旅行警报及突发事件信息，这样即使在目的国不能使用数据漫游，用户也可以及时收到通知。同时，当夜间独自行走在陌生的地区时，Safeture 将实时追踪用户的地理位置并发送给用户的朋友或亲人。

保险公司通过使用该系统，可以与客户建立更加密切的联系。一般来说，客户与保险公司每年互动 1.5 次，但是有了 GWS，互动能增至每年 57 次。GWS 使保险公司为客户创造了更多价值，并且带来了更好的用户体验，同时，由于客户可以根据平台提供的预警信息进行事先防范，也降低了保险公司的赔付成本，实现了双赢。

数字和通信技术的发展为定制保单提供了条件，由此为传统的保险业带来全新的理念，比如“点销售”“按需保险”等，这些理念对旅行险的发展产生了重大影响，将前沿科技应用于保险产品，必将成为各个保险公司的必经之路。

基因技术的保险应用分析

刘炳磊

2017 年 11 月 15 日，保监会在官网上表示正在对《健康险管理办法》进行修订，目前已经形成征求意见稿，现向社会公开征求意见。在《健康险管理办法（征求意见稿）》中，保监会首次提到：保险公司在销售健康保险产品时，不得通过非法手段收集、获取被保险人除家族遗传病史之外的遗传信息、基因检测资料；也不得要求投保人提供此类信息。保险公司不可以使用被保险人家族病史之外的遗传信息、基因检测资料等信息作为核保条件。这个内容将保险中的基因技术应用问题再一次引到风口浪尖上。我们应不应该在核保、保费定价等方面应用基因检测技术，这会对承保人、保险人产生什么样的影响以及应该如何应用这项技术，这是值得广泛讨论的。

一、保险业基因检测技术的应用起因

2003 年 4 月 14 日，中、美、日、英、法、德六国参与国际人类基因组计划的科学家宣布：人类基因组序列图绘制完成，所有目标全部实现，最终完成的人类基因图谱的准确率达 99.99%。此后，转基因食品、基因检测和基因治疗等基因技术越来越频繁地出现在人们的视线中。而率先使基因检测技术在保险业应用的问题进入公众视野的应该是 2013 年 5 月，美国影星安吉丽娜·朱莉选择接受了双乳乳腺切除手术，这是由于她通过基因检测，得知自己在未来患乳腺癌疾病的概率为 87%。这个事件使得基因检测迅速席卷全球，并且其成本也在不断降低。

因此，社会民众与保险公司开始思考，基因检测技术是不是会对保险尤其是寿险的核保、保费、道德风险以及逆选择等问题产生巨大的影响。基因检测技术能在很大程度上使乳腺癌、亨廷顿氏舞蹈症及艾滋海默症等因基因缺陷而发生疾病的不确定风险确定化，这些信息在以前并不可得，也不符合以往保险常用信息中的大数定理，其只是一种个性化的信息。随后，2015 年 8 月 13 日在 genomeweb 网站上，有两篇新闻报道了美国著名商业保险公司 Noridian Medicare 宣布将众多基因检测产品在局部范围内，比如 LCD、local coverage decision 等纳入自己的承保范围，并承担全部责任，其中就有以基因医学来开发医疗及分子诊断产品而闻名的 Myriad Genetics 和提供肿瘤检测服务的 NanoString。这个新闻引发更多的保险公司思考如何在基因检测这块增值服务的蛋糕中争取更多的份额。

二、中国保险业基因检测技术的应用现状

就基因检测技术而言，在过去的三年中，中国出现了蓬勃发展的态势。华大、达安及 360 基因等基因检测公司纷纷出现。各个公司开展了一系列有关检测酒精过敏、乳腺癌及肠癌等问题的基因检测。公司数量与检测种类都已经有了不小的规模。但是，在基金检测结果中还存在缺少统一权威的质量鉴定、科学依据不足、报告难以理解与应用于临床诊断等问题，并且大多数项目并没有得到国家相关部门的审批。同时，基因检测的成本虽然有所下降，但是仍然属于一种十分昂贵的医疗检测手段，目前大众化程度并不高。我国在基因检测行业还有相当长的路要走。

在保险公司的基因检测应用方面，我国目前主要采取的是寿险附赠局部项目基因检测的模式，将基因检测以寿险附加权益的形式出现。2014 年，中国人寿、中国平安等少数保险公司开始进行这种模式的尝试。随后，在 2015 年，众安保险与华大基因合作推出“知因保”，华大基因提供乳腺癌基因检测，众安保险针对不同的检测风险免费提供每年不同次数的乳腺癌专项体检。这是保险公司第一次提供与检测结果相关联的保险服务，但是最终的市场销

售结果并不算成功。然而这个产品的设计理念得到了行业的认可，随后出现了众多的基因保险，不过市场结果都不是特别理想。这说明基因保险的产品理念转化为生产力还需要更多的探索与理解。目前市场中开发基因保险的热烈气氛逐渐消退，基因保险处于一个平稳发展的时期。

最近，基因保险又出现一种与互联网相结合的趋势。2017 年 9 月，众安保险上市出售国内首款儿童防走失互联网基因保险产品——“童安宝·儿童基因身份证”。其包括两部分内容，走失险与儿童基因身份证检测。儿童走失险包含长期找寻费用补偿津贴 20 万元、短期找寻费用补偿津贴 5 万元以及人身意外伤害——身故残疾偿津贴 20 万元，合计 45 万元的保额，并由众安保险承担相关义务与服务。而基因身份证的检测由众安生命提供，客户可以查到相关检测结果并在孩童走失时利用相关信息进行寻找。这种技术应用了人类基因的基因位点组合唯一性与个体识别率高的特点，可以针对中国儿童走失问题起到极大的改善作用。目前在中国，基因身份证还是一个比较陌生的词汇，但是这项技术在国际上已经比较普及，而且技术也比较成熟。在美国，接受了基因身份证检测并将信息纳入政府 DNA 数据库的人数占比约为 1/6，同期英国也约有 250 万人口完成了基因身份的录入。当然，尽管相关产品仍需要市场的进一步检验，不过这项产品向我们提供了一个保险科技的交叉应用的新思路，将基因检测技术与其他现代科技综合应用开发新的保险产品可能是一种可行的方法。

三、基因保险的综合分析

首先，一个重要的问题是，为什么基因检测技术能够应用到保险领域？

一是基因检测技术与寿险的天然联系。基因检测技术是一种生命技术，而寿险是关于生命的保险产品，两者都是关于生命的事物，因而会存在天然的联系。

二是基因检测成本的下降。在 2013 年前，基因检测费用十分昂贵，只有少数寿险公司对于其超高端的客户会提供基因检测服务，动辄几十万元的检测成本，只有富豪们有机会选择。但是，现在基因检测技术迅速发展，成本降低，虽然费用还是十分昂贵，但是大众化的保险产品中应用基因检测技术存在可能。

三是我国拥有适合基因保险发展的客观环境。宏观来说，从2007年至2016年，我国的保费收入从7036亿元增至30959.1亿元，保险深度从2.6%发展到4.16%，保险密度从532.5元/人提高到2239元/人，保险市场的充分发展为基因保险的应用提供了基础，而保险业规模的扩大与人们的保险意识提高为基因保险的销售提供了市场。同时，我国精算师团队的壮大也为基因保险在定价、核保等方面的应用提供了人才保障。

四是西方国家的示范作用。美国等西方国家在基因检测技术与基因保险方面的探索为我国提供了比较成熟的技术与成功的案例示范，为我国基因保险的发展提供了方便。

其次，基因检测技术能为我国保险业带来哪些变化?

一是积极影响。对于保险公司来说，基因检测技术能够使保险公司掌握更多信息，保险产品定价更加科学合理，更加符合精确化销售的要求，同时可以有效地防止道德风险的发生，并且基因检测技术催生了中国新兴的基因保险，可以促进保险公司进行产品创新。而对于投保人来说，基因检测技术可以使投保人更好地了解自身存在的风险问题，更好地为自己安排合适的保险。

二是消极影响。第一，目前，对基因保险的一个非常重要的争议点是基因歧视问题，并且基因科技的基因隐私权与保险业务中的最大诚信原则存在非常大的冲突，如何解决这个问题，目前仍然没有非常好的理论和方法。第二，投保人能够根据自身存在的风险问题，选择更合适的投保方式，这在一定程度上会加重逆选择现象的发生。第三，投保人对于基因的好奇与对于基因信息的保护之间存在矛盾，如何提高全社会对基因的理解与认识水平是基因保险产品能够有较好的市场成绩的一个必须解决的问题。第四，保险公司与基因检测机构可能会共享投保人的基因信息以作商用，可能会损害投保人的利益。第五，基因检测技术的应用大大增加了保险产品的信息含量与流程，增加了监管难度与监管成本。

最后，针对基因检测技术在保险业的应用，我国应该从哪些方面作出相应的努力？

一是完善相关法律体系。目前，在我国，法律体系中有关基因检测技术的政策法律法规只有国务院出台的《农业转基因生物安全管理条例》，法律体系极其不完善，缺乏对基因隐私隐瞒权、基因隐私使用权、基因隐私维护权、基因隐私支配权及基因隐私知晓权等重要概念的解读与规定。《保险法》中对基因检测技术的应用也未作相应的说明与规范。这极大地阻碍了基因检测技术在保险业的应用。

二是进一步推动基因检测技术与基因检测公司的发展。我国应该进一步推动降低基因检测技术的成本，提高使用效率，从而降低基因保险的价格。同时，要为基因检测公司提供权威的检测标准与认证规范，提高检测报告的科学性。

三是提高国民的保险意识与基因意识。基因保险研发的最终目的还是为了应用，从而形成生产力，而这就要求消费者认同基因保险并愿意进行消费。如何提高国民对保险和基因的认识水平与认识能力就显得尤为重要。

四是培养优秀的基因保险人才。目前，我国的人才体系中，只存在保险人才与基因检测技术人才两种独立的人才种类，缺乏将保险与基因检测技术结合起来的综合人才，这就要求我们培育一批兼具保险与基因检测技术知识与能力的复合型人才推动基因保险的长久发展。

五是推动有关基因科技在保险业与其他保险科技综合应用的探索。通过基因科技与大数据、云计算及区块链等的综合应用，推动解决基因检测技术在信息储存、信息运算及结果处理等方面的问题，减少基因科技在保险业应用的负面影响，推动基因保险的发展。

四、总结与反思

2017 年的 5 月 28 日，在上海召开的论坛上，中国保险科技实验室成立并发布了《中国保险科技发展白皮书（2017）》，提出了十大保险科技的概念，使 InsurTech 成为当下保险业发展的焦点话题。基因检测是文中提到的十大保险科技之一，其在保险业的应用会给整个行业带来翻天覆地的变化。而我们应该如何应用这项技术，如何在基因检测技术的应用方面占得先机，以及如何尽可能的消除基因检测技术在应用时的消极影响，同时又能扩大其社会作用，是当下值得我们研究与思考的问题。

保险牵手区块链会有光明的未来吗

方　玺

一、区块链概述

顾名思义，区块链是由一连串加密信息构成的区块组成，通过区块连接形成一个数据库。区块记录了机构间交易的信息，凡是链接其中的机构都能共享这个信息数据库。从技术角度定义，区块链是一种以密码学保证传输和访问安全、以块链结构存储数据的技术体系。这种技术能有效地保证数据的一致存储和无法篡改，但同时它需要多方共同维护。由此可见，区块链通过弱中心化的交互方式能极大地提高网络中点对点的信任，排除干扰信息。在保护隐私的前提下，既能达到信息公开的目的，又能保证个体权益不受共同决策的影响。在效率提高的同时降低价值交互的成本。区块链的种种优点，使其成为新时代计算模式的颠覆式创新，受到了各国的关注。

二、区块链的应用方向

区块链最大的特点是其具有一套可靠的分布式数据存储系统，这套系统允许多方共同参与、共同维护，数据和合约只能读取和写入，不可被篡改，并通过链式进行存储。区块链中，每个节点的信息存储都是互不干扰的、平等的，通过共识机制实现存储的一致性。因此，依靠区块链技术可以创建永久、透明的交易记录，建立强大的信任基础。这种信任具有不同以往的巨大优势，主要体现在以下两个方面。

一是交易过程可以由程序自动执行。智能合约可以排除人为干扰因素，自动执行契约，任何一方的抵赖都不可能实现。相较于当前的交易系统，区块链在交易制度上达到质的飞跃。

二是交易信任由机器和算法确定。机器和算法决定交易信任。区块链的交易信任是由机器和算法构建的，这可以解决交易过程中双方的相互信任问题。交易参与者不需要建立相互信任的条件来实现交易，而是通过密码学原理确认身份，共识机制会帮助参与者实现相互信任。

在该体系中，交易参与者即使不了解对方的信息也能有效地实现交易，这种模式改变了中介信任机制。技术的创新，使得交易过程从人与人之间的信任变成了人对技术的信任。另外，程序可以自动执行契约，不需要人工审核账本，这使得交易成本下降、交易时间缩短。

三、区块链能给保险带来什么

（一）智能合约，实现自动执行任务

在航班延误已呈常态的今天，航班延误险的需求逐渐增加，但依然有不少旅客不愿意购买航班延误险，究其原因，无外乎是因为理赔要求高，理赔程序烦琐。如果将区块链中的智能合约运用到航班延误险的流程中，那么一旦发生航班延误并超过规定的延误时间，只要乘客购买了航班延误险，系统就会自动理赔，免去了传统理赔流程的烦琐。

2016 年，阳光保险推出了基于区块链技术架构的微信保险卡“飞常惠”航空意外险，成为国内保险业首家研究以及运用区块链技术的保险公司。用户在购买该产品时，通过微信端输入被保险人的信息和航班信息，即可投保，整个过程不到 1 分钟。该产品解决了实物保险卡在保存、赠送和转让时带来的诸多不便，同时省去了中间环节，价格极具优势。

新加坡的全球区块链相互保障合约市场（Medishares）是全球第一家互保合约市场，源自于相互保险。通过区块链技术建立相互保障智能合约平台，能够有效降低保障产品的运营成本，资金的安全性也得到极大提高。智能合

约进入区块链后，赔付过程将严格按照智能合约执行，免去传统赔付过程中的审核流程，全部按照规则强制执行，保障被保险人的权益。传统保险的理赔审核过程变成电脑程序，达到理赔条件系统自动执行理赔付款。极大地提高了用户购买保险的积极性，同时也降低了保险公司的行政成本，消除了保险合约中具体条款或执行合约过程中的不确定性。

（二）数据储存，减少欺诈

区块链中的数据储存库提供的数据是真实的、无法被篡改的，通过保证数据的完整性，减少账本欺诈。如果将一个交易信息正确的区块加入区块链中是很容易的，但是一个交易信息自相矛盾的错误区块就无法加入区块链中，这是因为其他网络节点无法接受错误的区块。如果某一方想对早期区块中的数据进行修改，必须要求对所有随后的区块进行变更，这就需要大多数成员同意这项修改，因此，篡改区块链中的数据是非常困难的。对保险业来说，区块链技术如果能被有效利用，保险公司将是最大的获益者。

以车险为例，传统保险公司查询车辆出险信息是需要支付成本的，但如果将区块链技术运用于车险，汽车发生事故的时间、地点以及维修等数据信息都会被一一记录和存储，且不可修改，而且理论上各保险公司获取出险信息是可以实现完全免费的。这些信息本身就能为保险公司创造巨大的反欺诈价值，能够有效地降低理赔成本并减少水分、优化理赔流程。如果保险公司能够在理赔信息账本中实时查到赔案情况、案件情况，就能够大幅减少保险公司与客户的沟通成本，对于没有异议的案件可以实现快速点对点支付，有异议的进行少量沟通即可。这样一来，保险公司理赔人员更加容易进行操作，客户的体验也更好。

（三）信息透明，助力小额保险

小额保险的目标是保护低收入人群，类似于最低生活保障金。通过投保小额保险，被保险人可以定期获得与其投保金额和生活成本相应金额的保险金。区块链产生之前，投放这个险种的最大难题是难以明确目标市场。因为区分低收入人群和判断其生活成本是困难的。而区块链的产生，使个人的信用数据变得透明简单。无论是在中小城市还是在偏远地区，区块链都能为保险公司提供投保人的信用数据，从而实现精准服务，甚至能为政府制定福利政策提供数据支持。

四、总结

以区块链为代表的新技术，拥有重塑社会的潜力。区块链可以帮助保险公司提升服务质量，提高运营效率，形成竞争优势，因此保险业积极拥抱区块链技术是大势所趋。当然，区块链技术并非是万能的，现阶段区块链技术尚不成熟，保险公司一方面要做好顶层设计，为区块链的广泛应用做好准备；另一方面，也要结合自身特点，利用区块链创新解决问题，只有积极主动地牵手区块链，把握历史潮流，才能在未来的竞争中立于不败之地。

可穿戴设备在保险产品设计中的创新运用

陈　贤

近日，笔者从一家寿险公司获悉，该公司正在与一家高科技公司洽谈，尝试利用该公司研发的智能可穿戴设备开发可变动保额的保险产品。

近年来，随着大数据技术和人工智能的发展，可穿戴设备在保险产品设计中的应用越来越广泛，“保险＋智能”产品方兴未艾。

一、“学习型”产品跟踪被保险人健康动态

据介绍，这家高科技公司生产的一种智能手表，可以实时监控穿戴者身体的 13 项重要生命体征数据，包括心率、血压以及无创测血糖等。这是一个学习型的设备，可以通过监测穿戴者的行为，不断地学习其行为特点，在出现异常体征时，比如突然摔倒、醉酒等情况时会报警，同时可以实现全球定位。不久前，杭州发生过一起醉酒年轻人倒在雪地上冻死的事件，当事人两天后才被路人发现。若有款结合了这种高科技可穿戴设备的保险产品，在这种情况下，被保险人醉酒后该设备报警，摔倒后再次报警，然后根据定位找到被保险人，这样就可以避免不幸事件发生，同时也有利于降低保险公司的赔付率。

在保障期间，保险公司可根据设备读取的大数据进行云端的保额变动、健康提醒，同时降低被保险人的风险，比如监测到被保险人最近连续 10 天步数不超过 5000 步、连续 13 天熬夜以及连续一阵子血压不能得到很好的控制等情况，可以发送健康提醒，并下调其保额。反过来，比如监测到被保险

人最近的血压、血糖等指标都很正常，又可将其保额调上去。这样可形成一个动态的健康辅助管理和保额的实时调整。

更值得一提的是，该设备还可以防止猝死。设备在感知穿戴者有猝死风险时，比如心梗或睡眠中的呼吸暂停达到一定时间时立即向其紧急联络人报警，以降低这种风险。

该技术已通过美国 FDA 二级医疗设备认证，已在美国推广，接下来计划打开中国市场。目前合作方式正在洽谈中，比如可通过投资持股的方式获取这款高科技可穿戴设备，并提供给公司的广大客户，在对客户的健康进行有效管理的同时，保险公司也可在产品存续期间进行风险控制。

二、保险科技提升金融保险普惠水平

不难看出，这种产品的设计思路是打破了传统的精算模型。传统的保险精算模型根据以前一定范围内的风险数据进行测算，给保险产品进行定价。这样的定价方式只能在大范围内分摊风险损失，事实上，个体所面临的风险是显然不同的。那么在新的产品设计模式下，过去被拒保的高风险群体有可能通过保额变动或费率调整购买保险产品。

目前市场上已出现面向慢性病患者、残疾人群及老年人等传统意义上高风险人群的专属保险产品。比如，专门针对高血压、高血糖人群的保险产品，消费者投保后，可以通过移动互联网获取保险公司合作医院提供的医疗资源和服务，进行自我健康管理，降低高血压、高血糖并发症发生的概率，享受从预防到治疗再到医疗保障的闭环服务，打破了人们带病不能投保的惯例。

2015 年，众安保险联合腾讯、丁香园为糖大夫智能血糖仪推出“糖小贝”糖尿病并发症保险。这款保险将前端的智能血糖监测和后端的医疗跟踪管理服务整合成一体，不仅可以为糖尿病患者提供专业的医疗建议，而且可以通过浮动的保额设计激励患者通过健康生活控制血糖。该产品保险期限为 1 年，客户每通过血糖仪测量一次血糖值且数据达标（目前医学控制血糖要求餐前空腹血糖为4.3~7.2mmol/L）即可获赠200元保额奖励，不达标则有相应扣减。其升级版“糖小贝2.0”将保额调整为5万~10万元，继续以浮动保额机制激励患者进行日常血糖监测和主动管理。其间，保险公司都有涉足该领域，如太平财险与大特保合作推出的“退糖鼓”、泰康人寿为Ⅱ型糖尿病患者设计推出的“泰康甜蜜人生A款”特定疾病保险等。

除此之外，针对高风险人群的保险产品还有不少。有公司针对30~60岁高血压患者设计了一款高血压保险产品，保障期5年，可续保，最高保额为10万~30万元，保障六种高血压相关的重疾，包括中风、肾衰竭、主动脉手术、心肌梗死、严重心肌病和心脏瓣膜手术。该产品对于血压得到良好控制的被保险人，保额每年增加5%，最高至基础保额的200%。

梁涛在2017年凤凰财经峰会上指出，保险科技的运用，改善了保险消费者的体验，提高了保险普惠水平，拓展了保险的深度和广度。保险借助科技，可以更好地整合产业链的上下游，使以保险服务为基础服务、构建围绕消费者相关需求的服务闭环成为可能，在养老、健康等产业发展上提供更多的支持。这些传统意义上的高风险人群，都是普惠金融的重点服务对象，为他们提供更好的服务，这充分彰显了保险的普惠价值。

三、健康管理引领寿险产品创新方向

2014年，阳光人寿联合北京耀华研发推出了“阳光星运动健康管理计划”，该计划由重大疾病保险及星运动奖励津贴构成。客户购买保险后，使用配套的阳光星运动APP监测每天的运动和热量消耗，每天从APP获得三颗星并有持续20分钟的运动即可达标，每年累计达标天数达到一定标准即可获得健康津贴奖励。然而，该产品的市场反应并不热烈。

2015年，众安保险与小米运动、乐动力等平台合作推出“步步保”，将保险与可穿戴设备、运动大数据结合。客户投保时，系统会根据其历史运动情况以及预期目标，推荐不同保额的重大疾病险，客户历史平均步数越多，推荐保额就越高。比如每天10000步，推荐保额就是15万元。该产品保费为月缴，保单生效后，运动步数可抵扣保费，客户每天运动的步数越多，次月需要缴纳的保费就越少。截至目前，步步保的用户数已达1700多万人。

与步数抵扣保费的设计思路不同的是，2018年1月平安健康险旗下的平安健康APP上线的“平安i动保”，通过步数换保额，鼓励客户运动换取重疾险保额。根据“平安i动保”的运营规则，按照每天5000步起算，超过5000步即能计算保额，每天2万步封顶，最高可达286元，保额累计计算，每年可获最高10万元保额的重大疾病险保障。该产品试运营一个月用户即突破30万人。产品的设计搭载了手机的计步功能，因此用户参与的门槛低。

从阳光星运动健康管理计划到“步步保”，再到“平安i动保”，保险公司在将健康管理融入保险产品设计的路上不断创新。显而易见，有效的健康管理不仅能吸引客户，提升客户黏性，还能通过对客户生活、行为习惯的引导和预测，显著降低保险公司的赔付支出，提高公司的盈利水平。

可以肯定的是，可穿戴设备代表了健康管理未来的发展趋势。可穿戴设备的技术日趋成熟，发展飞速，目前主流的设备有智能手环、智能手表，除此之外还有眼镜、鞋子及服装等各式各样的可穿戴设备。这些设备依靠内置的传感器，通过人机交互的方式，将数据记录并传输，通过不同的算法将这些数据进行处理，再利用手机APP等方式呈现在使用者面前。保险业可以利用这些数据提升健康风险管理，提供增值服务的机会和水平。波士顿咨询公司的研究显示，通过不同的商业模式尝试发掘智能可穿戴设备的潜力，保险公司可以提供差异化的方案，吸引更多潜在客户；增加与客户更频繁且深入的互动，加强客户关系；提升被保险人的健康状况，降低赔付率；开发更精准的定价模型，提高保险公司的盈利能力。

未来，保险公司可以不断完善健康管理流程，包括数据收集、数据分析、健康干预和评估反馈等，打造闭环式健康管理体系。同时，提升采集数据的医疗价值，与医疗科技公司合作，采用医疗级别的数据采集设备和方式，提高健康干预手段的效率和精准度。广泛运用医疗设备、移动医疗、大数据分析及云计算等技术创新，在帮助客户培养健康的生活习惯、持续改进健康状况的同时，也为保险公司降低赔付成本，实现客户和保险公司的双赢。

当然，若要参与保险的精算定价，尚需要足够的数据积累。不过，未来健康管理与保险进一步融合的想象空间不可估量。

第三篇　保险科技冲击传统保险业

保险科技，是天使还是魔鬼

赵福相

一、保险科技的天使面容

2017 年由复旦大学和中国保险学会联合发布的《中国保险科技发展白皮书（2017）》披露了十大保险科技，分别为区块链技术、人工智能、云计算、大数据、物联网、车联网、无人驾驶、无人机、基因检测和可穿戴设备。这些科技无疑将会改变人们的生活，同时重新塑造保险业的生态状况，将在产品开发、核保、理赔、风险管控等方面发挥重要作用。

首先，在产品开发环节，科技会使原有产品得以深化，并将开发出新的保险产品。例如，对于保险公司而言，网络化智能传感器、大数据、云计算和人工智能的发展，将能更精准地评估风险、计算费率，提高运营商理解并确定个人以及累计风险的能力，并通过识别重要行为，及时提供和制定新的保险策略；对于客户而言，利用保险科技能够更好地根据自身风险特征打造属于自己的保险一揽子计划。而区块链技术的发展和运用将改变信息不对称的现状，呈现出去信任中心化的趋势，使可能出现保险公司这种“信息中心”角色被颠覆的情形。另外，无人驾驶汽车的面世有望大幅减少机动车事故发生率，并对车险及相关保险产生极大的冲击。在无人驾驶汽车大规模营运后，事故发生率的降低使得保险保费不得不大幅降低，这将改变现行车险的盈利模式，造福保险消费者。

其次，在核保环节，大数据和云计算等将会发挥重要作用。针对目前保险业存在的客户拓展成本高等问题，保险人利用大数据技术可对客户进行类型细分，精准定位，在降低客户保费的同时提升公司对整体风险的控制能力。此外，深度学习可以帮助保险人在保险产品咨询、核保等环节实现自动化，降低保险公司的成本，减少经营过程的不规范操作。

再次，保险科技的发展将会使理赔环节成本更低、效率更高。例如，蚂蚁金服的定损宝等产品可以提升理赔的效率并降低理赔的成本。在未来，智能传感器和 AI 将会使得理赔更加快速，并进一步降低人工成本。

最后，在风险管控环节，保险科技也将发挥重大的作用。即便目前存在一些技术问题和道德伦理挑战，无人机利用红外相机或激光雷达的传感器，可以提供保险标的风险模型和损失估计的参数。无人机还可以在损失发生之前提供风险监督和保险评估，改善保险公司和消费者的关系，提升社会整体福利。

二、保险科技的魔鬼阴影

保险科技蓬勃发展的同时，我们也应该正视保险科技面临的技术和道德伦理层面的问题和挑战。

首先，无人机技术仍面临着一定的挑战。由于锂电池受到无人机体形的限制，目前的续航时间普遍低于 30 分钟，且无人机要求具备一定的操作技术，难以满足用户的普遍需求。同时，如何解决无人机的空中碰撞、网络攻击和货物掉落的问题，仍然是这项技术亟须解决的问题。更重要的是，无人机的使用可能会侵犯个人隐私，比如在空中拍摄到私人住宅内的照片等。

其次，多种保险科技涉及道德伦理的问题。除上述无人机外，大数据和基因检测也如此。大数据广泛收集人们的个人信息，可能会侵犯个人隐私。

目前社会上因买卖个人信息而触犯法律的现象，可能在保险科技对个人信息的需求推动下愈演愈烈，这将引起广泛的个人隐私和公共利益讨论。2016 年美国联邦调查局要求苹果公司解锁恐怖主义嫌疑犯的手机信息被拒，就引起过广泛的讨论。至于基因检测，它虽可以揭示个人风险和公司面临的风险，但目前基因检测技术如何参与保险定价和健康管理还有待商榷，在科学上存在依据不足、样本数量不够的状况，在法律上可能涉及对用户隐私权的侵犯，这些可能都需要等待科学、伦理学和法学的进一步发展。

目前保险科技的发展，一个重要的方向便是对风险的精确化定价。以大数据、云计算和基因检测等为代表，风险的精准定价将会使得每个人都只承担自己的那部分风险，这无疑会提升风控效率。但同时，传统的大数法则蕴含的风险分散和风险共担的思想将受到挑战。许多风险并非个人可控的，比如基因疾病问题。在未来一些风险更高的人势必需要支付更高的保费，而这些人支付保费的能力往往更差，使最需要保险的人却无力购买保险的悖论，从而挑战保险的社会公平原则。

可以预见的是，政府将不得不对那些弱势群体进行社会救助。那么该采用何种方式呢？如果采用精准救助，政府救助弱势群体的资金又该从哪里来？如果最后通过向其他群体征税，成本是否又会低于目前的保险形式？这些都是伴随着保险科技发展而不得不思考的问题。

三、总结

众所周知，科技发展的步伐不会停歇，保险科技作为其一部分也不例外，在未来将会获得长足的发展并深刻影响我们的生活。正如科技是一把“双刃剑”，保险科技也将会带来诸多争议和道德伦理的问题。

因噎废食不可取，视而不见亦不可取，公平与效率是发展中永恒的话题，我们利用保险科技提升效率的同时也应该采取措施保证基本的社会公平。

保险科技对中国保险市场的影响

曹思卿

2017 年第三季度，全球保险科技领域融资总额约为 3.12 亿美元，相比第二季度的 9.85 亿美元，下降了约 68%，但是投资者对该领域仍然保持着非常强烈的兴趣。其中，亚洲新兴市场有 6 起投资事件，其中就有 3 起发生在中国。中国香港的一家保险比价平台（Compare Asia Group）获得的 5000 万美元融资是该季度最大的一笔交易。

中国作为最大的发展中国家，新兴的保险市场可能从保险科技（InsurTech）的变革中获益最大。由于市场上现有的产品相对有限，而且中国的电子商务渗透率很高，因此，将新兴技术应用到保险业的阻力更小。尽管技术进步会带来无数潜在的保险申请，但我们认为 InsurTech 将在以下三个层面对重塑中国新兴市场产生最大冲击。

一、产品创新

中国现有的保险产品差异化不足，消费者认为其价格昂贵而且不能充分满足个人需求。这可能是因为目前占据绝大多数市场份额的保险公司是国有企业，扩大市场份额的动力不足。虽然较小的保险公司倾向于开发对消费者需求更敏感的产品，但是由于经纪人收取的佣金率高，这些保险公司很难和拥有专属代理经销能力的大玩家竞争。

然而技术进步正在改变这种局面，互联网作为一个更经济的分销渠道的出现，其低成本的自动化承销和管理能力允许小型保险公司与巨头竞争，及时向市场推出新产品。中国的寿险市场一直以来由具有更多储蓄性质的混合型产品主导，低成本的互联网营销渠道使保险公司可以推出更多纯保护型的产品，比如期限人寿保险、重疾险等。同时，佣金及管理费用的降低也大大降低了承保成本，进而降低了保险产品的价格。以一位 30 岁的男性为例，保额 100 万美元的 20 年期寿险的价格降幅可达 76%。

另外，电商经济的繁荣为非寿险产品创造了新的需求，典型的代表是建立在淘宝生态模式上的退货运费险。保险公司直接从电商平台获得海量的历史交易数据，建立定价模型，避免了费时的传统经验研究。

二、经销模式的演进

亚洲新兴市场的保险分销历来集中在专属代理人和银行保险销售渠道。2016年，这两个渠道的保费收入占中国当年总保费收入的92%，而在2012年，这两个渠道占比为 99%。在线销售平台、比价平台的兴起使保险业的经销结构逐渐发生改变。根据保监会发布的数据计算得出，2012—2016 年我国财险产品互联网销售保费收入年复合增长率为 49%，寿险产品互联网销售保费收入年复合增长率达 275%，这体现了互联网销售渠道的重要性稳步提升。

与英美等发达保险市场一样，近几年，中国涌现了一大批在线比价及销售平台，其资本要求和监管要求相较于传统的保险公司都宽松得多。这些平台大多定位为一站式购买保险产品和服务，包括定价和条款比较工具、人工智能咨询服务及有效的在线支付平台。第三方平台大大增加了消费者和保险公司的互动，同时也方便消费者定制保险产品和服务以满足其独特的需求，改善了用户体验。此外，传统的保险代理机构也在寻求开展在线业务，比如泛华已成立自己的在线销售平台，2016 年其在线保费收入为 9120 万元，相较于 2015 年增长 89%。

三、技术巨头进入保险业

传统的保险公司正积极转变其营销渠道，开发更符合消费者需求的产品以适应这场变革。而大型科技公司凭借其掌握的庞大的电商及消费者数据，也在积极进入保险业，从而分得一杯羹。技术巨头们进入保险业主要有以下几种方式：一是与跨国保险公司合作。例如，2017 年 8 月，云锋金融（马云是其大股东）联合蚂蚁金服、新浪、巨人网络等技术巨头收购了美国万通保险亚洲有限公司，以期利用万通的全球风险管理经验和其自身技术优势，探索保险的数字化及数据分析在风险定价中的使用问题；2017 年 1 月，高瓴资本和腾讯联手世界第五大保险集团——英国英杰华集团（AVIVA），该集团在中国香港成立了一家保险公司——英杰华（香港），该公司专注于数字保险服务。二是成立新的保险公司，比如阿里巴巴、腾讯、平安联合成立众安保险。三是建立技术支撑的分销平台（“一站式商店”），比如淘宝保险、京东保险、苏宁保险等。

保险科技带来的保险业新风险

周 峰

一、保险科技（InsurTech）近况

研究市场行情的咨询公司对金融（保险）科技的关注度越来越高，尤其是近年来风险投资基金（Venture Capital Fund，以下简称 VC）对这个领域的影响。毕马威（KPMG）与专注于预测未来科技趋势的 CB Insights 合作，对全球金融科技（FinTech）风险投资的走势进行了统计和分析。它们发现截至 2016 年底，虽然 VC 对整个金融科技的投入相较于上年明显减少，但仍处于一个强劲的势头（例如，2016 年全球对金融科技公司的投资总额达到 247 亿美元）。更值得关注的是，它们发现 VC 对保险科技（InsurTech）的兴趣在过去几年呈指数级增长。

《英国精算师》杂志也发表了类似的看法。伦敦作为全球保险市场中心，VC、各大保险集团、劳合社（Lloyd's of London）以及政府等都对保险科技极为重视，这是保持伦敦这一全球保险市场中心地位的重要因素（例如，大多数保险公司开始设立专门的企业 VC 专注于保险科技的投资，也有一些保险公司高管离职组成独立的 VC，同时类似于 InsurTech London Startupbootcamp 的孵化器和交流平台也相继出现）。

保险科技发展给保险业带来新机遇和挑战，本文的重点是对随之而来的新风险做一些思考。首先，我们简短概括近期全球风投对保险科技领域的投资，有助于我们更具体地判断未来几年保险科技发展的趋势。虽然技术创新

包含很多不确定性，某种技术对未来的影响也很难预测，但可以思考现有的科技信息和风投动态对整个行业的影响。其次，基于对金融科技风险的学术研究和业内的讨论，列举三类保险科技发展带来的潜在风险。最后，提出建议性的准备策略。

二、保险科技的发展趋势和潜在影响

毕马威的报告显示，2013~2016 年 VC 在全球保险科技初创公司的投资快速增长，2013 年投入 2.6 亿美元，2016 年投入超过 12 亿美元。从 Venture Scanner 网站对保险科技风投趋势的研究总结来看，风投兴趣极速增加的原因一方面是来自于传统的保险公司对新科技的重视，在 2013 年前风投资本退出的方式是多样化的，但在这之后退出机制集中于被传统的保险公司收购；另一方面，是整体金融科技的大趋势延伸到保险领域（原来关注 FinTech 的风投开始关注 InsurTech）。专注于 InsurTech 的初创公司的数量和形式种类也在稳步增加；部分早期的 InsurTech 公司开始显现出商业价值（表现在 VC 投入融资的中后期阶段）；除了以盈利回报为主的专业风投公司外，越来越多的以战略角度考虑的保险集团也正在组建各自的企业风投（Corporate VC），用其收购科技创业公司，以达到培养和巩固自身的保险科技竞争能力。

《中国保险科技发展白皮书（2017）》对保险科技创新和 VC 投资的渠道分成四个环节（并细分成不同领域），包括保险产品设计（细分为车险、企业 / 商业险、健康 / 旅游保险、寿险 / 家财险、物品险及再保险）、保险营销（细分为保险比价平台、员工福利平台、保险获客渠道、众包平台及 P2P 个人互助保险）、企业运营（保险管理平台、保险数据 / 智能及保险基础设施 / 后端支持）和信息资讯（保险教育 / 资源、新媒体）。

从 Venture Scanner 对 VC 投资的统计数据（例如，截至 2017 年 1 月的累积风投金额分布、融资规模、投资年数 / 寿命、投入阶段及退出方式等）来看，可以间接了解各类保险科技的发展阶段。例如，为传统保险产品或保险公司提供销售渠道和平台，帮助它们提高运营效率或数据分析的技术都已经相对成熟，已进入实质性的运用阶段。提高顾客互动，或者提供投保人自我管理平台、P2P 个人互保以及保险教育等科技创新还处于探索和发展阶段。

虽然风投兴趣的极速增加与保险科技之间的竞争日趋激烈，但其对保险市场的巨大影响还未显现，原因主要有以下几个方面：第一，保险科技目前的发展速度史无前例；第二，孵化器中的科技产品还未被商业化使用或普及；第三，保险公司的风险管理和传统稳定作风；第四，还未有专门的机构收集数据；第五，保险客户的投保惰性或适应需要一个过程；第六，保单合同的周期局限性，以及监管或法律法规的限制。科技影响的规律是在某个临界点之前并不显著，但在这之后会发生剧变。然而，我们可以根据已有的一些金融科技对当今行业的影响，来预测现今保险科技的发展趋势对未来保险业、金融市场以及整个社会的潜在影响。

2015 年，花旗集团（Citi Group）与牛津大学（马丁学院）合作开展专注于认识科技对全球未来工作影响的研究项目。花旗集团与伦敦帝国理工学院共同发表了关于数字货币对未来“体验经济”的影响的文章（《Digital Money: A Pathway to An Experience Economy》）。2015 年，摩根大通（JPMorgan Chase）和英国公共政策智库 IPPR（Institute for Public Policy Research）编写的关于数字经济的联合报告中，收集了一些关于当前科技对欧盟未来工作影响的著作和评论。英国政府的科技部也对当前有着巨大潜在社会影响的科技创新做了一些归类，其中与金融（保险）科技密切相关的包括传感技术（Sensors）、云计算（Cloud）、机器人和自动化系统（Robotics and autonomous systems）、大数据（Big Data）、网络安全（Cyber Security）及人工智能（AI）等。

综合这些行业研究报告，科技发展潜在的影响包括：（1）行业人员的技术和收入的两极分化，以及需要相关的技能更新；（2）职业合同的性质改变，越来越多的合同工和自雇人员代替全职；（3）虚拟数字经济迅速发展，但对实业的影响还没有相应的效果；（4）很多传统的工作和职能将被自动化机器人或数字化革新取代；（5）人与机器的互动将不可避免的增多，传感速度和反馈渠道也急速增加；（6）虚拟数字世界也会逐步与物理环境增加互动，改变相互原有的行为；（7）人类的生活习惯、日常行为、认知过程、学习方式都在变化；（8）全球各区域的发展和影响显著不同，根据人口结构以及传统或政策而定；（9）随着数字化革新，网络安全和系统稳定等更加复杂和面临挑战；（10）体验和共享经济的形成，金融（保险）将成为隐形的辅助服务。

三、保险科技的潜在风险

根据保险科技的发展趋势和潜在影响，这部分具体按三个步骤（或范围）思考和讨论一些由此产生的未来潜在新风险。首先，列举一些已经在类似行业开始显现出来的新风险，尤其是在早期金融科技的影响下；其次，虽然保险业还未因保险科技产生革新性的影响，但我们根据金融科技在类似行业的影响，来讨论可能存在于未来保险业中独有的新风险；最后，设想在InsurTech和FinTech等不同领域科技的影响下，保险业和其他行业之间可能存在的相连风险。认清和应对这类系统性风险，在未来以科技主导的世界（或社会）尤为重要。

（一）已经存在于类似行业的风险

世界经济论坛（World Economic Forum）2017年的全球风险报告（Global Risks Report）对新兴科技的风险专门进行讨论。除了最近几年已经普遍意识到的网络安全外，其他科技（比如人工智能、自动化机器人、量子计算、区块链技术、物联网及云计算等）的运用和普及对经济和社会的风险也越来越值得关注和讨论。

英国政府科技部的前瞻研究项目（UK Foresight Project：The Future of Computer Trading in Financial Markets – An International Perspective）在2012年也集合学术和业界的研究，测试和讨论了金融市场自动化交易算法、电子交易平台、新交易金融产品及高频交易等金融科技发展带来的潜在（和已经存在于市场中）风险。比如，过去几年中存在于股票（2010）和外汇（2016）

市场中的“闪电崩盘（flash crash）现象”“粗手指（fat-finger）事故”等新兴风险，都与金融科技对行业的影响有直接的关系。巴黎的欧盟金融监管研究院也正准备研究此类金融科技对欧盟的风险并进行相应的监管。

同时，欧洲的金融市场监管部门以及货币政策机构（特别是英国央行 Bank of England、欧洲央行 European Central Bank 以及瑞士央行 Swiss National Bank）也对金融科技的风险十分关注。在它们的报告和网页中，以及在国际性研讨会上，它们都在积极探索未来数字化货币和电子交易平台的风险。比如，由于比特币（Bitcoin）的普及，网络世界中的“暗网市场（darknet markets）”也逐渐进入人们的生活中，它对现有的货币体系和市场监管来说都是一种巨大的挑战和无法衡量的风险。

（二）设想存在于保险业独有的风险

金融科技对市场和社会的影响，及其随之产生的风险，主要体现在科技创新带来的未知革新，有待我们去理解，而这个理解过程随着技术更新的速度不断提升，也迫切需要相应的提速。保险科技对保险市场产生的独有风险可以从两个方向讨论：对“保险公司和行业”的风险，以及对“被保险对象”的风险。总部在伦敦的 MS Amlin 保险公司和牛津大学（马丁学院）进行过类似的研究，在 2015 年发表了它们的研究报告。

对保险公司和行业的风险，比如保险市场的价格周期在学术界和业内至今讨论已久，保单价格 / 竞争和保险公司的盈利状况密切相关。过去保险市场在几年的“丰收”之后，会伴随着几年的“歉收”，在丰收年保险公司的高盈利会吸引新的竞争者，从而导致随后一段时间的歉收年来调整。此类周期现象综合了很多保险市场的传统特质，比如保险公司融资的传统方式，保单合同（价格和期限）的固定调整，购买保险的人或保险中介更新价格信息的速度，精算师和承销商（underwriter）定价的传统算法，等等。但在保险科技的影响下：（1）融资渠道会变广或速度会变快。比如基于“互联网+”的众筹，以及基于一些保险应用 APP 软件使传统用户脱离保险公司也可以互保（mutual insured），这会使竞争激烈，而且不容易统一监管；（2）

保险合同的多样化和个性化。在传感技术和大数据的支持下，保险公司越来越容易设计适合特定被保对象的产品，这会增加非传统竞争方式带来的不可测性，以及可能存在的不正当竞争；（3）价格的更新会大有改变。更新速度的提高以及更新策略的变化都在保险科技支持下的价格比较网站上体现出来，市场波动会增大，保险周期会迅速改变，更难以预测；（4）风险评估的软件，也在物联网传感技术和人工智能大数据的支持下，实现自动化定价过程，从而使传统的风险评估师（比如精算师、承销商、保险经纪人）逐渐被自动化流程所代替，但在人文社会中因缺少有经验的风控人员，带来的风险是前所未有的。综上所述，保险科技对保险公司 / 行业而言，有可能会带来“Winner-take-all”的机遇（比如阿里和腾讯），但也有可能会导致保险业特有的“Winner’s curse”，也就是不理智竞争带来的风险。然而，无论是“Winner-take-all”还是“Winner’s curse”，对保险市场而言，改变已经习惯的保险周期，本身也存在未知的市场风险。

对被保险对象的风险，比如：（1）由于保险缺少了传统中介，或保险在“体验经济”下变为隐性服务，那么被保险对象会容易忽略风险的存在或程度。假设自动行驶的汽车使人们无须直接购买车险，那么会不会导致人们提速行驶，或者更愿意选择挑战性的道路？类似于从马车到汽车转变的过程，人们对速度的适应和追求有没有极限？又比如在发明汽车安全带之后，数据发现汽车事故反而增加，其主要原因是由于更多的安全感使人们的风险意识降低。（2）由于保险科技的发展，比如物联网提供了房屋险的数据，车联网或 Telematics 记录了车险的数据，人体感应设备收集了健康险的数据，人工智能和大数据提炼了金融类相关的保险服务数据，从而使被保险对象透露自身数据的渠道增多，如何保护这些数据不被乱用，或者避免侵犯被保险对象的隐私，这类风险也值得思考；（3）除了被保险对象的风险认知和意识的改变所带来的风险，保险科技也会影响被保险对象的日常传统行为，比如由于保险个人管理软件和应用程序的开发，人们越来越容易避开保险公司而习惯于在“共享经济”中直接互保，类似于出租车行业里的优步（Uber）或滴滴打车，或旅游行业中的爱彼迎（AirBnB），又比如人们会通过一些类似于比特币的金融创新，实现对保险产品的套利投机，类似于保险公司 AIG 的信用违约互换（Credit default swap）在 2008 年国际金融危机中的情形。这些都会因增加了保险监管的难度而产生未知的新兴风险。

（三）保险业和其他行业的相连风险

我们在此大胆思考一下“保险科技”“科技保险”间的关系，以及其他科技创新发展带来的影响和保险业产生的新风险。总体而言，金融（保险）科技都伴随数字化和物联网的统一完善过程，数据和网络系统成为最重要的组成部分。

在金融市场过去几年中，由于产品和服务的网络分布，系统性风险导致金融危机已经被学术界和业内熟知，并开始进行重点研究，然而虚拟世界和实体经济相连的风险还未显现和被重视。例如，由于科技的发展，在未来相互连接的世界里，“单点故障（Single point of failure）”对整个系统造成的破坏是很难估量的，从而对保险公司来说也是一个极大的风险。

通常故障分无意和故意两类，而故意的科技故障（比如盗取、侵犯和破坏）往往与网络安全（Cyber Security）密不可分，又由于保险科技对被保对象的（有价值）数据收集增大，因此成为网络攻击的主要动机，数据安全的风险也逐渐增大。如何发展和评估“科技保险”（特别是网络安全保险 Cyber Insurance）也存在新的风险，在保险界已经是一个热门话题。同时，由于“科技保险”也会影响科技的发展，那些没有风险控制和保障的科技会被质疑和推迟。根据之前提到的未来科技对就业的影响进行更长远的思考，收入和技能的两极分化、工作合同（福利）的改变，都会对现有的保险业产生巨大的风险。

四、保险业的策略和准备

以英国为例，在伦敦的各大保险公司和劳合社的资助下，牛津大学和剑桥大学都已设立相关的研究中心，专注于此类“保险科技”“科技保险”的系统性风险。在保险监管部门的组织和合作下，增加了学术界和保险业之间的交流，特别是对新兴风险的预警和数据收集，设计类似于防火墙的“监管沙盘（Regulatory sandbox）制度”来试验科技的潜在影响。保险从业者，比如精算师协会、保险经纪人、承销商、顾问公司、保险风控模型供应商及保险科技初创公司会定期组织交流研讨会，交换不同专业领域的发展动态，分享各自的行业经验，从不同角度识别新兴风险的演变。同时也组织研讨会议来增加保险业与其他行业的交流。

保险科技在资本回报巨大潜力的驱动下发展迅速，但资本市场的风险投资考虑更多的是从“资本投入”到“退出机制”的短期过程，它们往往不会深远地或与时俱进地研究保险科技带来的风险，因此保险业自身更需要与非营利性的机构（例如，研究型的大学和监管部门）一起合作，来理解这些科技带来的影响和风险。更加重要的是，由于科技创新的本质，这些风险的影响（潜在后果）变得越来越大，也越来越复杂，所以提前思考和提早准备就更加有必要。

同时，对被保险对象和潜在顾客的保险常识教育也要与时俱进，这包括鼓励发展针对教育类的保险科技以及通过新技术普及保险知识和在大学基础（经济、金融）课程中增加风险管理意识的内容等。

保险科技冲击下中介机构如何突围

李文秀

如果说保险公司是保险产品的生产者，那么保险中介机构就是保险产品的搬运工。截至 2015 年底，我国实现原保费收入 24282.52 亿元，其中保险中介渠道实现保费收入 19760.2 亿元，占 2015 年全国总保费收入的 81.4%；在保险中介渠道中，保险兼业代理机构实现保费收入占全国总保费收入的 36.2%，个人代理人实现保费收入占全国总保费收入的 38.1%；互联网保险渠道实现保费收入 2233.96 亿元，仅占全国总保费收入的 9.2%。[①]

从以上数据可以看出，我国保险中介机构营销渠道仍然比较传统，即其广泛与其他机构合作和大量扩张销售团队以获取佣金收入。这种广设点、广撒网的销售模式在市场竞争不充分时成效显著，主要有以下几个原因：一是由于信息不对称，消费者可以选择的产品种类较少，也无从比较同类商品的优劣；二是由于代理人团队庞大，利用人情营销也能为保险中介机构带来不小的收益；三是通过合作机构代理，也能接触新客户。然而随着科技的发展，消费者可以从网络上轻松获取多方信息，信息不对称得到很大改善；大数据技术使精准营销成为现实，而高成本、低效率的推销模式受到挑战；手机应用程序和互联网平台可以为被保险人提供全方位、全时段的服务，比代理机构更为贴心、专业等。如何利用保险科技革新盈利模式，这是所有保险中介机构都应该思考的问题。本文将粗浅地谈谈在营销渠道上，保险科技将给保

① 资料来源：《中国保险年鉴 2016》。

险中介机构带来怎样的影响。

一、减少营销成本

庞大的销售团队一方面使企业的销售费用大幅增加，增大了企业内部的摩擦；另一方面，广泛设立分支机构将会使管理风险的难度加大。公司总部需要在资源整合、市场开拓、财务管理和内部控制等诸多方面进行统筹，还需要谨慎防范分支机构的违规操作带来的系统性风险，这些对于中介机构而言都是巨大的挑战。尽管搭建互联网平台、开发手机应用程序需要在前期投入大量的资金，但是从长远来看，能够为公司减轻机构设立成本和代理佣金成本，从而使公司获得较好的收益。

以盛世华诚保险销售公司为例，2015 年公司销售模式转型，探索“互联网 + 保险中介”模式，从原来大量使用代理、劳务派遣人员为主的销售模式转为加大自身终端客户业务拓展的销售模式，减少了大量劳务人员。从数据来看，尽管 2015 年公司主营业务收入同比减少 23.71%，但由于成本管控良好，该年度公司主营业务成本为 10359593.22 元，同比减少 72.43%，年度净利润增长率高达 293.83%。①

二、扩大机构职能

传统的保险中介机构很少在产品销售后跟进客户服务，给投保人的印象往往是“出险后就找不到人”，这既会损害保险公司、保险中介的名誉，也会抹黑保险业在老百姓心中的形象。在充分竞争的保险中介市场上，保险产品越来越透明，同质化现象严重，保险中介机构想要盈利，就必须找到独特的立足点，形成品牌形象。如今，越来越多的保险中介机构正利用保险科技探索“产品 + 服务”模式，即不仅能“搬运”保险产品，还能为被保险人提供售后服务，从而提高产品附加价值，增加用户忠诚度，从而获得更加稳定

① 资料来源：盛世华诚 2015 年度报告。

的业务来源。

例如，盛世大联围绕保险代理业务，推出了车管家服务和车辆融资租赁服务等全方位的定制化服务：借助互联网平台和手机应用程序，车管家业务为用户提供一站式汽车服务，包括汽车美容保养服务和酒后代驾、机场接送、非事故车道路救援及代办年检等预约类服务；宜信博诚打造“小智保险”手机应用程序，为用户提供全套保障方案，其中涵盖了寿险、重大疾病险以及教育及养老等非标准化产品，实现不同保险公司、不同保险产品的共享、交流和服务的整合等。

三、搭建科技支撑平台

互联网的核心理念之一就是“去中介化”，通过构建网络销售平台和用户服务平台，中介机构既可以在避免大规模扩张销售人员的情况下，聚集大量的用户人群，减少企业边际成本，还可以为用户提供“产品＋服务”的服务模式，令保险产品更好地服务于客户，提高用户黏性，在激烈的竞争中为企业带来更稳定的收入。尽管保险科技也会使保险中介机构面临互联网安全问题和系统维护问题，但笔者认为这些技术风险是整个保险业都需要面对的难题。随着区块链技术的普及，整个行业将会得出系统的解决方案。综合来看，保险中介机构有必要积极运用保险科技进行战略转型，在营销渠道上削减劳务成本，提供“产品＋服务”的业务模式，在竞争日趋激烈的保险中介市场上找到企业的立足点。

互联网保险重压下，保险营销员将何去何从

陈　林

何为保险营销员？保险营销员是指在保险中介监管信息系统中进行执业登记的，为保险公司销售保险产品及提供相关服务，并收取手续费或佣金的个人。通俗地讲保险营销员也就是我们常说的“卖保险的”。众所周知，保险营销员作为传统保险公司的一大主力，为保险公司的利润作出了巨大贡献。根据中国保险行业协会的数据，2016 年人身险保费收入总额为 2.16 万亿元，其中个人代理业务保费收入达 9920 亿元，约占总保费收入的 46%。2009 年以来，保险营销员的人数逐年递增，从最初的 290 万人，到 2011 年的 335 万人，截至 2016 年底，保险营销员的总规模达到 657.28 万人。

为何有这么多的人加入保险营销员的大军中呢？首先，从宏观角度来看，我国政府也期望大力发展保险业，对保险业的发展给予不少的政策支持，同时这几年我国保险业的发展也较为迅速，目前总保费收入位居全球第二；其次，从 2015 年 8 月开始，保监会发布的《关于保险中介从业人员管理有关问题的通知》中明确指出，资格证书不作为执业登记管理的必要条件，而只需要在保监会保险中介监管信息系统中进行执业登记即可，大大降低了保险营销员的从业门槛；最后，当然也是最重要的一点，保险营销员的收入同业绩挂钩，近年来有约百万名大学生看好目前处于黄金时期的保险业以及具有挑战性的保险营销工作。

然而，随着互联网保险的兴起，传统保险业面临巨大变革，其中对保险营销员的影响是最大的。互联网保险最主要的功能之一就是将保险的销售方

式从线下搬到线上，而保险营销员作为线下的销售主力，其经营业绩必将受到压迫。当前，国外的许多保险科技公司在积极开发在线保险比价平台或代理平台，如印度的 PolicyBazaar，在提供人寿保险服务的同时也提供普通保险比价服务，能够对不同保单的价格、质量和核心效益进行分析，旨在帮助印度消费者在准确了解保险产品信息的基础上选择合适的保险产品。我国的保险科技公司也在进行积极的尝试，典型的案例是提供精准报价的移动车险比价平台——最惠保。相对于昂贵的人力成本来说，互联网的优势是更加便宜、高效和简单的，应该是一种中介的替代产品。

根据《2016 年中国保险行业人力资源报告》，首先是保险营销员群体的学历水平普遍较低，甚至有些营销员缺乏与保险相关的必要知识；其次是该群体的流失率较为严重，其中包括那些高学历的少数人的离职，更加影响了人们对这个行业的整体印象——专业性不够、服务质量差。这种现状为互联网保险科技潮流带来了难得的机遇，如同无人超市的出现，保险营销员该何去何从？中国平安董事长马明哲对此却相当乐观，认为保险营销员在未来的三五十年内不会被互联网取代。的确，从目前的保险销售体制来看，纵使互联网保险销售额呈直线上升，但个人保费的收入还是要依靠几百万名保险营销员的拉动。但是，这种保险的销售模式很明显是不可持续的，转型是不可避免的，处于信息爆炸的这样一个时代，科技进步往往是让人意想不到的，正如曾经的电话接线员的工作在如今消失一样。当然，由于复杂的保险产品的存在，具备专业技能和知识的保险代理人必将拥有自己的生存空间。因此，提高保险营销员的业务水平将是未来的一大重点，也是提升自身竞争力从而不被淘汰的必经之路。

第三部分　国外保险科技商业模式分析

第一篇 Insurtech保险中介

沙盒监管政策推动保险科技变革
——案例讨论：PolicyPal 数字保险移动平台

刘 馨

很多用户在过去的保险产品消费过程中，普遍存在如下情况：通过传统方式购买保险，需要大量的书面资料和烦琐的审核流程，在真正出险后得到的理赔结果却不尽如人意。这种情况的大量存在，成为推动保险科技改革的重要动力。

PolicyPal 成立于 2016 年 4 月，是新加坡的一家保险科技公司，该公司致力于服务消费者，并将与保险需求有关的过程简易化、移动化。公司意在通过一台移动电话，运用大数据、人工智能等保险科技手段，帮助消费者解决可能碰到的所有关于保险的问题。

2005 年，新加坡对保险公司实施的风险基础资本监管框架（RBC）及 2017 年 1 月 1 日正式实施的新一代风险基础资本监管框架（RBC2）规定，保险公司市场准入要求的最低实缴资本为 1000 万新加坡元（约合人民币 4500 万元）；规定偿付能力监管目标为 120%，即保险公司的实际资本大于等于最低资本要求的 120%。按两个框架共同的要求，Policypal 想要进入保险市场，实际资本至少达 1200 万新加坡元（约合人民币 5400 万元）。而 2016 年 3 月 policypal 加入 Startupbootcamp 的新加坡金融科技加速器计划，获得的补助仅为 2.5 万美元，折合 3.4 万新加坡元。除非 policypal 创始团队拥有强大的资本后盾，否则在现行的法规体制下成立保险公司是毫无可能的。

除最低资本的硬性要求难以满足外，PolicyPal 作为保险科技领域的新兴公司，试图简化保险的复杂度，未来想要抗衡甚至取代保险公司的纸质化保单服务。种种进步的设想能否顺利推行，市场会不会认可其做法，这些问题都难以立刻得到准确的答案。可见即使是在金融业发达和金融文化积淀较深的新加坡，对于 policypal 这家初创保险公司来说，仍是困难重重。

为解决市场准入难和运营风险高的问题，也为了避免错失有价值的保险创新，2016 年 6 月 PolicyPal 创业团队向新加坡金融管理局（Monetary Authority of Singapore，MAS）提议启用监管沙盒制度，并积极与主管中小企业的政府单位沟通，希望能获得政策上的支持。同月，新加坡金融管理局公布了监管沙盒的指引，确定了相关做法属于创新行为，在申请公司完成详细市场调研的前提下，鼓励金融机构申请沙盒实验。新加坡金融管理局首席技术官 Sopnendu Mohanty 在演讲中表示："当前 Fintech 领域发展迅速，我们与沙盒申请人密切合作，能够促成有意义的 Fintech 实验，并让消费者能够更迅速地享受金融服务和产品。"

一、监理沙盒为"无证经营"提供政策支持

事实上，在2015年11月英国在金融科技领域已经率先尝试过监管沙盒的做法。根据英国金融行为管理局（Financial Conduct Authority，FCA）的定义，监管沙盒是一个安全的空间，企业可以在其中测试其创新产品、服务、商业模式和支付机制，而不会导致其立即遭受违反现有法规的监管后果。在监管沙盒机制下，通过监管机构、金融机构及金融创新企业与学界广泛合作，产生高度自动化和有效的"数据驱动"型（Data-Driven）监管体系，以此在实行金融创新的同时了解和把控相应项目的风险。

监管沙盒的特点及价值主要体现在以下两个方面：

一是监管沙盒强调弹性监管。当金融企业的创新做法触碰到现行法规的边界时，为避免束缚创新思想、鼓励有价值的尝试，监管沙盒为这个类型的企业提供了一个安全空间，豁免有意义的创新行为。监管沙盒一方面有助于监管者创新监管思维，为积极应对金融科技发展积累经验，及时检视现行法规的完善性与合理性；另一方面，降低创新计划推向市场的认知成本和潜在成本。成功的反馈还能为金融企业提供更多的融资路径。

二是进入监管沙盒的前提是符合金融创新的标准，且充分体现保护消费者的理念。企业进行的创新实验既要有助于服务金融市场，还要真正有益于消费者。进入监管沙盒测试的企业必须对可能发生的风险进行预测并配有防范措施，必须制定退出和退出后的过渡措施。

正因为采用了监管沙盒的实验空间做法，policypal 才能够得到新加坡金融管理局的批复，于 2017 年 3 月 2 日至 8 月 31 日可以无牌照在监管沙盒中开展公司想要发展的各项创新业务，而不受现行 RBC2 和其他涉及保险业的法规制约。通过与保险供应商 NTUC Income 和 Etiqa 保险合作，客户可在 PolicyPal 公司平台直接购买保险。但当该期间期满后 PolicyPal 仍需要申请相关牌照。取得牌照后，9 月 1 日开始可提供网上销售保险的服务。在新加坡甚至亚洲，这种监管沙盒的初创企业试验形式实为首例。

二、PolicyPal 数字保险移动应用实践保险科技变革

Policypal 在监管沙盒中运营的应用具有以下三个亮点：

一是 PolicyPal 保险移动应用平台的应用程序可以在一个单独的屏幕上显示用户所有现有的保险计划，包括保单更新日期、未付保险金额、已付款情况、支付日期和保单到期日，以及直接购买的寿险产品或财险产品。有了这些信息的汇总和集中显示，消费者就可以通过平台随时检查现有保险计划的即时情况，并为后续保险产品补充购买和更改调整提供参考依据。未来 PolicyPal 还将进一步为消费者提供索赔服务。

二是 PolicyPal 将脸部辨识核心技术综合在手机应用程序中，能够加速确认投保人的身份认定，并能自动收集被保险人的各项活动资料，作为人工智能计算合理保费的数据基础。

三是 PolicyPal 保险科技应用与保险公司合作，为消费者提供一个替代平台，使其部分保险过程实现自动化和自主化，除基础的介绍、查看、计算及比较外，还提供合并保险单和回答消费者提出的基本问题等服务。

公司负责人公布，自 2017 年 3 月 policypal 在监管沙盒中上线销售产品以来，上传至平台的保单金额已超过 600 万新加坡元（约合 425 万美元）。其创始人 Val Jihsuan Yap 在《联合早报》的访问中表明，这项试验的结果显示，通过 policypal 平台索取保单报价的人，有 16% 直接在平台上支付购买产品。Policypal 的产品获得消费者的良好反馈，创始人对试验结果表示满意。

在 2016 年 3 月 PolicyPal 团队加入 Startupbootcamp 的新加坡金融科技加速器计划并获得 2.5 万美元补助后，截至 2016 年底公司共获得种子资金 32 万美元。公司 2017 年 3 月 2 日进入监管沙盒时，再度获得硅谷种子基金暨创业加速器 500 Startups 及天使投资人的资金，但有关交易细节和具体融资金额未公布。

从保险创新试验获得的消费者的良好反馈及公司融资渠道增加来看，监管沙盒对于 policypal 这家保险科技新创企业的起步与成长来说功不可没。无论 policypal 未来的发展如何，其在新加坡展业所积累的相关保险科技经验，将使监管方、企业及消费者等多方均能有所借鉴。

保险即服务（Insurance-As-A-Service）平台：Qover 模式分析

曹思卿

Qover 于 2016 年 10 月成立于比利时布鲁塞尔，是世界上第一家提出建设 B2B2C 的数字保险平台以全面改变保险设计、管理及经销方式的保险科技初创公司。自公司成立以来，已获得融资 750 万欧元。2017 年 11 月在慕尼黑举办的 DIA（Digital Insurance Agenda）大会上，Qover 演示了如何在 5 分钟内开展保险科技业务，最终从来自于世界各地的 50 家保险科技初创公司中脱颖而出，获得 DIAmond 奖。

与其他提供在线比价服务或者直接提供注入新鲜科技元素的保险产品的保险科技初创公司不同，Qover 更像是一家保险科技领域的白标提供商。

白标常见于外汇交易领域，是指一家交易商向另一家希望成为交易商的公司提供 IT 服务，使其拥有自己的 LOGO 标识并以自有商标面向客户报价，成为交易商。

Qover 作为白标提供商，提供开放的应用程序编程接口（API），任何想要开展保险科技业务的公司（白标经营者），通过接入这些接口，就可以获得不同的保险产品和服务，同时这些 API 可以方便快捷地集成并进入任何数字平台，因此，白标经营者可以拥有自己的品牌和平台，其终端用户只要输入描述自身情况的几个参数，就可以立刻获得相应的保险产品和服务报价，同时 Qover 也为其客户提供稳定的后台支持。

Qover 的价值链如图 3–1 所示。

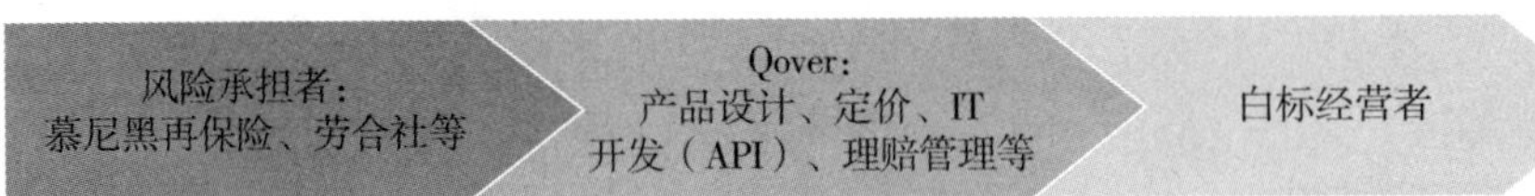

图 3–1　Qover 经营模式示意图

简单来说，Qover 像一个黑匣子，负责整个产品设计、定价、IT 开发、运营和索赔管理，其定价过程采用先进的机器学习技术。另外，由于其整个经营过程数字化，没有任何手续费及佣金支出，因此成本更低，产品的价格优势显著。同时，劳合社和慕尼黑再保险作为最终的风险承担者，也为 Qover 提供了优质的信用保证。

Qover 目前推出的一款车险，称为 GAP Insurance，其赔偿条件是，在车主已经为车辆购买了车险的情况下，在购买新车后的 5 年内，如果车辆损毁或被盗，Qover 将向车主支付车辆购买价格和车主从车险公司处获得赔偿金的差价。由于 Qover 的定价更低，将 Qover 推出的这款车险和传统车险结合起来，会比直接从传统车险公司购买全额车险的价格更低，因此该产品的市场前景非常广阔。除此以外，意外伤害险、健康险、旅行险和失业险等其他险种也将于 2018 年陆续推出。

目前，Qover 在伦敦和布鲁塞尔设有办事处，并已获得欧洲经济区 34 个国家的经营许可。当前其业务主要集中在比利时，2018 年将在法国和意大利全面开展业务。

按需经济下的保险科技——Trōv

陈 林

保险作为一种转移风险的有效工具，一直以来都被人们所重视，随着社会需求的不断变化，保险的形式也随之出现一些创新。从最初英国的个人房屋火灾保险，到如今纷繁多样的航班延误险等，科技和需求作为两个引擎推动保险业的迅速发展。当前，随着智能手机等移动设备的出现，越来越多的人倾向于用几分钟时间在线上完成传统的复杂交易。然而，传统的保险公司由于体型及业务量庞大，难以在短时间内迅速转型，因此作为联结传统保险业和保险科技的桥梁，各类保险科技初创公司纷纷崛地而起。Trōv 便是以简单、快速为主旨的按需经济下所催生的保险科技公司之一。

一、按需经济下的保险新变革

在传统保险业中，人们往往不能在需要的时候买到合适的保险产品，购买传统保险产品需要提前签订复杂的纸质协议，并付出昂贵的保险费用并以年为单位覆盖自己所有的财产。从而一方面增加了投保者的经济负担，另一方面也给投保者带来不便，严重打击了人们投保的积极性。Trōv 为解决这个问题，其遵循了近年来在技术领域所兴起的“分拆”趋势，将传统财险保单的保险标的分拆成单个对象，同时将投保时间以天甚至以小时为单位，完全按照用户的需求提供个性化的保险服务。投保者仅需要对其所重视的物品的保费买单即可，比如苹果电脑、相机等。

Trōv 成立于 2012 年，总部设在美国加州，是一个移动应用兼数字保险平台，提供跟踪、价格信息以及单项财产的短期按需保险。在成立初期，Trōv与“保险”没有任何关系，其本意是做一个个人物品的“数字储藏柜”。其联合创始人 Scott Walchek 认为：“每个人所拥有的物品都蕴藏巨大价值，但是这些价值没有得到利用，因为收集这些物品的信息很困难。通过降低收集难度，并帮助用户进行管理，我们可以很好地打理这些物品。”正是基于这些个人物品数据的支持，Trōv才得以抓住保险科技的潮流，顺利转型成功，在获得 C 轮融资以后，Trōv 开始进入按需保险的新领域。

二、目标市场人群——年轻人

与传统保险业不同的是，Trōv 将目标市场人群定位于年轻人。由于传统保险业碍于成本及效率等因素不能在单项财险供应上有重大突破，很多按年支付的保险对于年轻人来说负担较大，因此很难涵盖这个领域，根据 2015 年的世界保险报告，仅有 36% 的年轻人对传统保险业有积极的体验，而其他年龄段的人群这一比例则高达 52%。Trōv 根据年轻人习惯使用手机等移动智能设备在线上管理自身物品及金融产品的特点，采用网页端和移动端齐头并进的发展模式，在帮助用户了解按需保险的同时，提供在线应用程序下载。事实证明，这个市场战略获得了成功，在 Trōv 的客户中，超过 2/3 的客户小于 35 岁，且留存率高达 80%。

三、低价、便捷两大新理念

按需保险作为当下一大特色，集聚了低价、便捷两大新理念。毋庸置疑，价格对于任何一个消费者来说都是至关重要的，而对于年轻人来说，衡量一个产品是否值得购买，便捷也是必不可少的新标准因素。Trōv 提供的按需保险在“分拆”战略下，相较于传统保险产品来说更容易降低保费价格，这无疑是一大市场优势。此外，其提供的线上保险，允许客户根据自己的实际需求，可以随时购买，实时计算、结算保费，投保时间可以精确到秒。此外在打开应用进行投保时，用户还可以根据自身情况调整重要的保险参数，例如免赔额等，进而调整保费。事实上，Scott 认为，Trōv 的客户在激活保险后，并不会在用完后就将其关闭，他们喜欢的是掌握主动权的这种感觉，而这也正是公司所乐意提供的。可以说，这个新的商业理念非常受欢迎，Trōv 在上线的第一年，其所承保的物品价值总额就超过 36 亿美元，并且承保数目以每月 55% 的速度增长。当前，该平台上平均每个用户为 1.7 个物品进行投保。

四、小风险运营，严监管下缓慢扩展

Trōv 作为一家保险科技初创公司，其数字平台本身并不售卖保险，用户所购买的保险追根溯源都来自于传统保险公司，而 Trōv 仅起到一个桥梁的作用，其角色相当于保险代理人。因此，对于保险理赔等风险因素都将由保险公司来承担，这降低了其日常的运营风险，而在整个过程中 Trōv 所需要做的只是在提供线上平台的同时收集数据等。

在市场扩张方面，鉴于目前严格的保险监管环境，Trōv 采取了缓慢稳步的战略。2016 年 5 月 Trōv 首先进入澳大利亚市场，然后是英国市场，其之所以并未在一开始就进入美国市场，主要是考虑到相对于美国，英国等国家的保险监管更为开放，在积攒了更多的数据和经验后进入严监管的美国市场更有利于长远发展。从历史来看，不少初创公司最终都由于不能符合市场的监管要求而走向失败。在 2017 年 4 月，Trōv 在获得了 D 轮融资后，计划进入美国市场和日本市场，包括慕尼黑等在内的多家保险公司均以投标的形式参与其中。

五、面临问题与同业竞争

在运行过程中，Trōv 与大多数传统保险公司一样，面临逆向选择和道德风险的问题。虽然无法完全避免，但 Trōv 正努力运用现代的社交网络，通过各种形式建立用户的在线信用档案，减少用户的欺诈行为，在未来的大数据环境下，利用科技进一步解决该问题。而对于同业竞争，虽然目前市场上提供按需保险的还有包括 Slice Labs 和 Sure Insurance 等在内的多家保险科技初创公司，但总体而言，Trōv 抢占了时间和份额先机，即使模式可以复制，但其他竞争对手仍无法对其构成很大的威胁。

六、未来发展

根据 CB Insights 的统计，Trōv 目前的融资总额已经超过 8780 万美元，跻身成为融资规模最大的保险科技公司之一。在发展的路上，Trōv 可谓是一帆风顺，这不仅仅得益于其信息技术的优势，还得益于利用其新颖的商业模式，挖掘出新的蓝海市场，满足了市场所欠缺的需求。而即将进入的美国市场和日本市场，必将给其带来更大的成长空间。

回应保险界诉求，让数据变得有逻辑：Insurance Data Logic

刘　淇

保险数据逻辑（以下简称 IDL）由具备承保、经纪和精算经验的高级保险经理人发起设立，其主要目标是将高级保费计算器、保险条款矩阵、保险新闻信息服务三种科技结合，提供全新的承保、理赔和市场信息。IDL 产品的分析内容正在改变承保人、经纪人和被保险人对信息和数据的看法。它可以帮助人们在评估和购买保险时作出正确的决定。IDL 专注于产品线，保险费估算、保险政策矩阵和网络保险新闻是它的三大支柱。

一、高级保费估算器

对于零售代理 / 经纪人、批发经纪人、公司或组织以及潜在的保险购买者来说，其能够通过保费估算器了解保险公司用来确定保费的计算方法和依据（见表 3-1）。通过这种方式，人们可以估计并与保险公司协商覆盖范围和定价。尽管每个州的文件政策可能不相同，但为了达到定价目的，许多承保假设和数据是相似的。

IDL 允许用户查看保险公司根据应用程序和支持数据的评估引用的提交方法和提交的信息，以便用户更好地了解配给限额、免赔额、业务特征及索赔历史等与保险产品定价相关的各种风险参数的不同评级因素。所有这些数据都用于保险范围的确定和保险费的计算。

表 3–1　高级保费估算器

网络责任	在建工程风险
宠物健康险	法律公司专业风险
董事和高管责任	雇主责任
职业责任	信托责任
商业一般责任	旅行险

保险代理人和经纪人可以通过向客户提供高级保费估算器帮助被保险人作出购买合适的保险产品的决定，这是向现有和潜在的被保险人提供的另一项服务。表 3–1 有 10 种保险产品，每月都增加一种新的保险产品。保险公司也可以获得该项服务，并免费分发给客户。

二、保险规则矩阵

排名第一的基准服务是保险规则矩阵（Insurance Policy Metrics，IPM），它通过统一的方法，将商业和个人保险政策与数量因素进行定量分析并给出评分。IPM 因素能够帮助保险公司和经纪人横向对比保险产品，即有助于其销售保险产品，也有助于保险公司评估其规则与竞争的利弊。IPM 最初是为网络保险和宠物健康保险而开发的。其他应用包括专业责任、董事和官员责任保险、建设者风险保险、旅游保险和大多数其他保险产品。

IPM的目的是通过使用索赔模拟的数值评估比较不同保险单的相对价值，以确定与保费金额相关的损失赔付。IPM审查各种索赔类型（高风险类、中风险类和低风险类）的现金流入和现金流出，用于保险单的保险范围、索赔支付以及对不同保险单的相对价值进行数值评估。指数是现金流入/现金流出的比率，较低的指数对IPM更有利，见表3–2。

表 3–2　保险规则矩阵的评分

599 或更低	600~699	700~799	800~899	900~1000
差	中	好	非常好	极好

IDL 提供了一个标准化的方法和数值评估系统，使用基于超过 25 类索赔模拟的实际账户统计抽样评估不同保险单的覆盖范围，预计索赔支付和保费。

IPM 指数允许保险经纪人根据实际报价获得不同保险公司针对特定个人保单账户的比较和数字评级因子。对于某些规则，如果索赔风险 / 金额较高，则基于溢价的同一家保险公司可能拥有更有利的 IPM 指数。IDL 根据统计抽样和政策分析为保险公司提供独立的 IPM 保险风险评级。它为经纪人提供了一个单独的 IPM 政策分析，用于评估多家保险公司为同一个账户提供的不同报价和覆盖参数。

三、新闻、信息和服务

目前，网络保险信息大多都是零散地分布在互联网上，其内容没有被针对性地按照产品分类或者按照目标客户进行分类，例如针对保险包销商、理赔专家、保险经纪人和风险管理者进行信息的量身打造。IDL 网络保险新闻提供每日和每周的网络保险和网络安全行业新闻。它涵盖以下四类主要内容：一是行业目录；二是保险政策、保险范围和索赔问题；三是网络攻击和数据泄露；四是与网络风险保险和安全社区相关的信息、公告和文章。总而言之，IDL 认为保险公司需要更专业的知识和更卓越的服务，并专注于为客户制定关键业务、融资和保险决策。IDL 创新的最大亮点是能够对保险业的需求作出回应。

第一个线上车险服务平台Insurify：超级保险代理人和经纪人

刘　馨

Insurify是麻省理工学院的一家创业公司，2016年在马萨诸塞州的波士顿市成立。作为第一个线上车险服务平台，Insurify为消费者投保车险提供便捷、智能的服务。2016年1月公司成立之初，Insurify就获得了200万美元的种子轮融资，并于2016年7月完成A轮融资。公司的宗旨是：通过综合运用大数据与人工智能，建立优于普通人类工作者的超级代理人和超级经纪人，帮助客户对自己所面临的风险和保险人的选择作出最有信心的决定，同时还能节省时间和金钱。

自Insurify成立时就开始构建超级保险代理人的理念。2016年1月，Insurify推出了自己的线上保险代理智能机器人虚拟保险代理专家（Evia）。Evia只需“看一眼”车牌照片，就能让客户享受为其量身定制的保险推荐，这无疑是一项革命性的服务升级。投保人只要拍下车牌照片并发送给Evia，它就能从数据库中立刻搜索到车主的个人信息和驾驶记录，再经过对保险产品的对比筛选，把保险政策、推荐产品及报价信息反馈给顾客。根据投保人对车辆拥有的权利，Evia还会问一些问题（比如车辆是买的还是租的），之后才会开始发送适合投保人的保险计划。在整个过程中，客户都可以直接向Evia提问，比如把对某些保险条款的问题发给Evia，它会根据自己已录入的知识给出答案。如果Evia知识库没有涵盖该问题，将会有一个真人员工对客户进行回复。虽然Evia不能解答的部分仍然需要由真人完成，但Evia确实能够胜任保险代理人的基本职责——咨询和提出基本方案。Evia的智能性不止体现在投保咨询上，为了保护车主的信息安全，它只会提供照片中的汽车的车险报价，并不会给出更多有关车主的其他信息。

Insurify的智能性不止Evia这一项，作为优秀的保险经纪人它还可以为客户提供快速便捷的在线车险比价服务。该平台通过线上问卷调查的方式向用户收集两类影响保险方案制定的重要信息（设计问题时公司已将保险业的现行监管要求考虑在内）：一类是汽车的信息，包括汽车是客户购买的还是租的、汽车购买的时间或所租车辆的出厂时间、型号、行驶里程数、开车用途（自用、营运等）、开车距离、车贷偿还情况等；另一类是关于汽车驾驶者的个人信息，包括个人姓名、出生日期、驾照信息、驾驶习惯和信用程度等。另外客户还需要提供是否拥有住房、是否拥有工作、是否是在校生以及是否是军人等信息，验证能否获得保险折扣和优惠政策。如果客户信任Insurify并按照平台的问卷要求完成了信息录入，Insurify会立即验证客户身份，在投保记录中进行搜索，识别和匹配适合该客户的模型。然后Insurify会将该客户的数据传送给已建立合作关系的保险公司。1925年，马萨诸塞州保监会通过议案《Compulsory Liability Insurance Statute》，在全美首个提出“机动车强制责任险”，通过立法要求所有州内私家车主必须购买额度较低的强制责任险，以及所有保险公司必须提供这个保障，并不得拒保。因此，每家保险公司都会向平台返回报价。此时Insurify根据对保险产品的了解以及在数据库中进行比对而产生的客户风险特征信息，为客户匹配合适的保险产品。这种基于大数据分析的线上比价平台能够较好地解决投保人和保险人之间的信息不对称问题，将客户风险偏好及特征与保险产品有效匹配，在数据库足够大和客户信息真实的情况下能够满足客户个性化定制服务的需求，可以大大提高保险交易成功的概率。

我国保险业也出现了新兴的科技型产品设计。2017年6月27日，蚂蚁金服在北京宣布将向保险业暂时全面开放技术产品“定损宝”，用人工智能

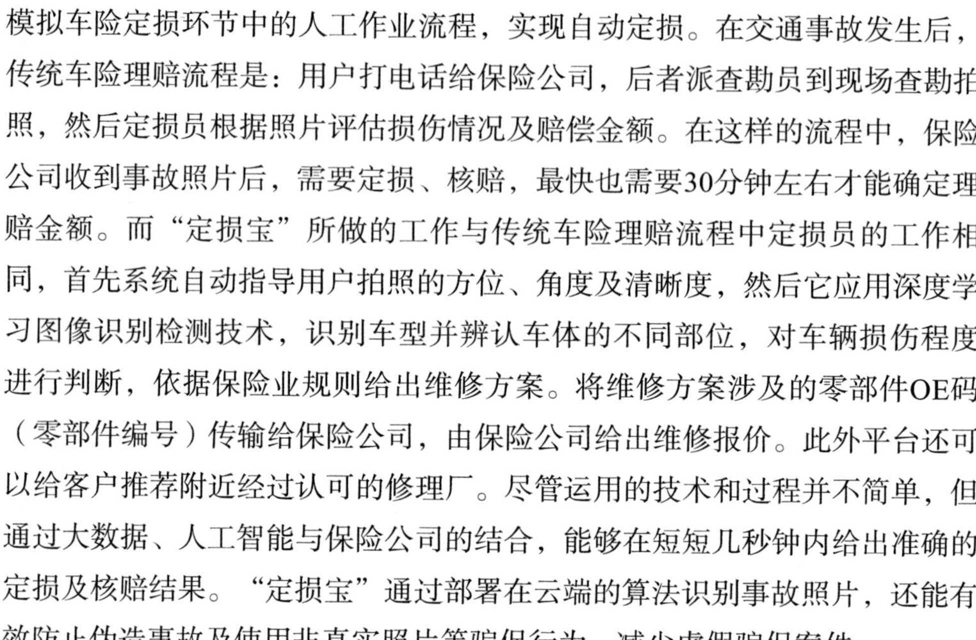

模拟车险定损环节中的人工作业流程，实现自动定损。在交通事故发生后，传统车险理赔流程是：用户打电话给保险公司，后者派查勘员到现场查勘拍照，然后定损员根据照片评估损伤情况及赔偿金额。在这样的流程中，保险公司收到事故照片后，需要定损、核赔，最快也需要30分钟左右才能确定理赔金额。而“定损宝”所做的工作与传统车险理赔流程中定损员的工作相同，首先系统自动指导用户拍照的方位、角度及清晰度，然后它应用深度学习图像识别检测技术，识别车型并辨认车体的不同部位，对车辆损伤程度进行判断，依据保险业规则给出维修方案。将维修方案涉及的零部件OE码（零部件编号）传输给保险公司，由保险公司给出维修报价。此外平台还可以给客户推荐附近经过认可的修理厂。尽管运用的技术和过程并不简单，但通过大数据、人工智能与保险公司的结合，能够在短短几秒钟内给出准确的定损及核赔结果。“定损宝”通过部署在云端的算法识别事故照片，还能有效防止伪造事故及使用非真实照片等骗保行为，减少虚假骗保案件。

Insurify 推出的 Evia 将会代替保险代理人的工作，蚂蚁金服的“定损宝”可能会接替查勘定损员的工作。人工智能的发展和应用一定会给保险业带来巨大的冲击和机遇，促进保险业的调整和优化配置。从以上两个案例来看，Insurify 和蚂蚁金服的核心竞争力是对客户需求的智能匹配和保险过程的效率提高。

但截至目前，Insurify面临的难点主要有三个：一是与线下保险经纪人成为合作伙伴，这是连接保险公司最方便的方法，但这些合作伙伴本身也是Insurify的竞争对手，平衡多方之间的合作与竞争关系成为一个值得思考的问题；二是在各州取得保险经纪牌照及牌照更新是一项无法避免的成本支出；三是多数客户将Insurify作为一个在线的保险比价平台使用，进行投保咨询、价格搜索，但最终购买成交的客户量尚少，即使是通过平台购买了车险的客户也往往选择推荐意见中价格最低的产品。

为了做到智能匹配和效率提高，Insurify 与百余家线下保险经纪或中介公司展开合作，通过它们间接连接 162 家保险公司来获取足够数量的产品形式和产品报价，以便增加分析精度，使匹配结果更贴近客户需求。Insurify将继续加深与线下保险经纪公司的合作、收集更多案例信息来扩大自己的数据库，并且通过对平台客户的搜索行为分析找到获取更多客户量和提高客户购买率的方法。

客户端影响驾驶人行为的 UBI 模式：Amodo 保险科技公司

曹思卿

Amodo 是一家保险科技初创公司，创立于 2013 年，总部位于克罗地亚。其经营口号是连接保险公司和新一代客户（Connecting insurers with the new generation of customers）。

通过 Amodo 的客户联结平台，保险公司能够正确地定位新一代客户的需求和生活方式。Amodo 收集来自于智能手机和智能设备的数据，以便构建整体的客户配置文件，从而更好地洞察客户风险敞口和客户产品需求。通过数据分析，可以为客户提供风险防范方案、个人定价以及个性化和“现时”保险产品，提高其忠诚度和终身价值。在整个过程中，保险人都有办法主动与客户接洽，客户享有与保险人交流的积极体验。

目前，Amodo 的目标客户主要是基于 UBI 模式定价的车险公司。Amodo 为客户提供以下技术和服务。

一、先进的驾驶行为分析

Amodo 的驾驶行为分析可以提供与驾驶环境和驾驶条件相对应的驾驶方式的信息。相同的驾驶方式在不同的驾驶环境和驾驶条件下有不同的解读。Amodo 的行为评分引擎（Behavior Scoring Engine，BSE）可以提供可靠且一致的驾驶行为信息。

Amodo 的驾驶分析系统（Amodo Driving Analytics Solution）处理从连接的车辆处获得的数据，并形成驾驶行为和驾驶模式报告。驾驶行为的分析与道路数据（道路类型、具体驾驶区域等）、驾驶条件数据（日 / 夜、高峰时间等）和天气数据（降雨 / 雪、温度、湿气及道路结冰情况等）结合使用。数据收集和分析的最终目标是充分了解司机根据当前的驾驶条件调整驾驶方式的能力。该系统向司机和车队的所有人员或管理人员提供实时报告，并向驾驶员提供改善安全性的建议。

为了使客户对司机的驾驶行为有全面的认识，Amodo 的驾驶行为分析包括以下三个方面：

一是驾驶情境分析（Driving Context Analysis）。Amodo 区分位置数据，比如国家、地区、城市和道路类型。这些信息来自于从联结车辆处收集 GPS 数据和不同地图的提供商，比如 HERE maps、Google maps 和 OpenStreet maps 等提供的地图数据。另外也考虑一些额外信息，比如道路密度、交叉路口数、黑点和其他区域的具体数据。

二是驾驶条件分析（Driving Conditions Analysis）。Amodo 区分日 / 夜驾驶、特定时间段驾驶，比如上下班高峰期、工作日或周末等。除时间外，天气数据也被考虑在内。Amodo 已经开发了自己的天气引擎，从全球数万个不同的气象站收集数据，并对这些数据进行处理和分析，充分了解驾驶条件。天气数据分析包括但不限于降水、温度、湿度和道路结冰情况等。

三是驾驶方式分析（Driving Style Analysis）。驾驶方式分析是受驾驶员影响最多的方面。驾驶方式是根据过多的制动、加速和转弯事件及相应的强度等信息确定的。为了确定超速驾驶的次数，Amodo 会详细分析行车速度。GPS 数据结合地图数据提供详细的速度限制信息，能够可靠地确定是否已超速。另外，在驾驶方式分析中也会考虑其他数据，比如车辆闲置时间、长时间无休驾驶等。

综上所述，Amodo 的驾驶行为分析对目前市场上的驾驶行为提供了全面的评价。其行为评分引擎（BSE）是建立在对超过 60000 辆联结车辆的信息以及与 Amodo 合作的研究机构的相关分析的基础上。

二、驾驶员参与和指导

目前，汽车生态系统的所有利益相关者都没有真正了解其产品或服务是如何真正被使用的。产品售出后，其与客户之间的沟通渠道基本上就消亡了，很难再创造任何类型的联结或提供个性化服务。而车主在燃料、修理、保险和道路援助方面花费的钱比他们真正应该花费的要多，所以他们需要了解这些服务。

为了积极地影响驾驶员的驾驶行为，需要一个互动的、有吸引力的沟通渠道。司机必须有动力了解他们的驾驶行为，并愿意改变不安全的驾驶习惯。为了实现这一点，Amodo 创建了以下四个系统，让利益相关方（如保险公司、汽车租赁公司等）激励驾驶员主动改善驾驶习惯。

一是竞争管理系统（Competitions Management System）。竞争活动可以刺激和奖励期望的驾驶行为。获奖标准包括最佳安全评分、有限的夜间驾驶、遵守车速限制和周末驾驶得分等。CMS 提供极大的灵活性，以使竞争规则适应当地市场的具体条件。

二是虚拟奖励（Virtual Rewards）。采用期望的驾驶行为，驾驶员可以获得反映特定驾驶方式的虚拟徽章。虚拟徽章可以指示理想或非理想的驾驶行为。根据驾驶行为和相应的虚拟徽章，司机可以收集奖励积分用于兑换生活物品等（取决于客户的合作伙伴网络）。

三是指导（Coaching）。有了关于道路安全和驾驶经济的实时反馈，司机可获得足够的信息以优化其驾驶行为。

超速驾驶、上下班高峰期或夜间驾驶、长途旅行不休息以及不稳定驾驶等行为，都反映了与道路安全有关的危险驾驶行为。从驾驶经济的角度来看，司机还可以获得关于车辆闲置时间、低效路线、猛踩油门加速和猛踩刹车等驾驶行为导致非有效油耗的信息。

除上述信息外，Amodo 还为驾驶员提供详细的驾驶分析数据，包括驾驶趋势以及安全有效驾驶方面的进步信息。个人驾驶行为也与其他司机的驾驶行为相比较，以便把反馈纳入社会框架。

四是社交媒体综合（Social Media Integration）。虚拟徽章、奖励积分等信息可以与各种在线社区共享，既鼓励了安全驾驶，也增强了品牌意识。在系统中创造的竞争和挑战也为吸引新的客户创造了机会。

三、综合评分与个性化定制

Amodo 平台配备了独特灵活的评分框架。它是根据目前 Amodo 平台上约 80000 名驾驶员和来自于超过 700000 辆车的外部数据源建立的。分数分布和相关参数清楚地显示了现有的客户基础。这使系统在大规模投放市场前的微调变得非常可靠。

在内容管理系统方面，客户可以根据自身需求微调 Amodo 系统。每个市场都有它的具体条件和参数，Amodo 使客户能够轻松地适应这些不同的条件。系统中的新功能、重要的消息和信息通过集成的通知模块被很容易地发给驾驶员。

为确定增长机会，Amodo 的顾问会对保险市场的市场规模、采用率、可寻址的潜力、趋势和局限性进行透彻的分析。成功市场营销策略的关键点之一是正确地进行客户细分，以及提供合适的产品、定价以及产品促销策略。Amodo 对保险业的远程信息处理有深入的了解，能够为保险产品发布的每一步提供建议。

四、小结

Amodo 主要为基于 UBI 定价的车险公司提供服务，在联结保险公司和投保人方面提供极具灵活性和成本效益的远程信息处理方案。Amodo 帮助保险公司建立与投保人的有效沟通渠道，从而提高投保人的忠诚度，减少保险公司的客户流失。另外，为保险公司提供针对投保人行为的详细分析报告，使保险公司可以更好地了解客户需求，设计个性化产品，创造新的销售和交叉销售机会，同时提高风险预测能力，降低索赔和损失比率。

第二篇　Insurtech保险人

全球 InsurTech 最有创意的 15 家保险公司

李文秀

目前，保险市场面临的问题是显而易见的——说声爱你不容易：人们认为保险太复杂；传统企业很难提出整体的解决方案。如今，一批初创企业正试图改变保险业的现状，将保险与社交媒体相结合，让保险更简明易懂、更符合年轻人的口味。Benchmark Series 推送以下 15 家具有创意的企业。

一、BetterView（美国）（better.vu）

BetterView 是一家保险科技初创企业，该企业结合保险与创新工程，通过无人机捕捉航空图像，指明财产标的的潜在问题，并向客户提交报告。这意味着，客户可以清楚地知道哪些风险将对其财产造成不利影响，并据此投保相应的保险。BetterView 的商业模式在于收集每位客户的个人数据并提供个性化服务。

二、Bought by Many（英国）（boughtbymany.com）

Bought by Many 同样也是一家保险科技初创企业。Bought by Many 可以为宠物、家庭、小物件和个人健康承保。该公司承保不收取手续费，并且为非传统标的（例如法国斗牛犬）提供特定保单。Bought by Many 没有采用传统的保险产品流水线，而是加入了一家以满足个人融资需求为目的的网站。目前，这家网站成员超过 24 万人，Bought by Many 的营销方式也许将见成效。

三、Brolly（英国）（heybrolly.com）

Brolly 基于人工智能技术（AI），开发手机应用程序，为消费者提供免费的保险管理服务。该公司致力于让用户快速了解自身需求、选择适合自己的保险产品，为用户节省时间、金钱和精力（Brolly Advisor 可以分析用户是否保障不全以及需要哪些保险，Brolly Shop 提供保险产品以供消费者选择，Brolly Locker 保障用户的保单安全）。

四、Carpe Data（美国）（carpe.io）

Carpe Data 为财险公司和寿险公司提供风险评估服务。该公司从社交媒体、网络和可穿戴设备中提取信息，预测保险公司某项新产品的市场表现。尽管近年来在数据保护上存在争议，但 Carpe Data 声明，85% 的网民同意共享自身信息以用于保险产品开发。

五、Cover（美国）（cover.com）

Cover 推出了一款保险定价应用程序。给个人财物（珠宝、汽车及房屋等）拍个照，传到应用程序上就能得到这项标的的承保价格。目前，这款应用程序还没有保险中介资质，需要借助保险经纪人牵线搭桥。目前 Cover 已经获得保险中介资质，在全美范围内与 30 多家保险公司建立了合作关系。用户可以在苹果和谷歌应用商店免费下载该软件，通过该软件便能咨询保险产品的相关信息，并根据个人情况投保合适的产品。

六、CoVi Analytics（英国）（covianalytics.com）

CoVi Analytics 试图利用数据洞察和自动化计划，简化保险公司合规程序并减少合规成本。目前，英国保险市场已经耗资数十亿英镑为其“偿二代”做准备。通过 Covi Analytics，保险公司可以使用名为“cmile”的软件帮助其在分散监管下更好地经营。

七、GiveSurance（美国）（givesurance.org）

作为一个融资平台，GiveSurance 与某些保险公司合作，鼓励那些热心慈善的人向这些保险公司投保。保险公司将投保人所缴纳保费的一部分退回投保人在 GiveSurance 设立的个人信用账户，通过该账户捐赠给慈善机构。

八、Guevara（英国）（heyguevara.com）

Guevara 网络平台将用户的车险保费收集在一起，达到节省保费的目的。用户可以在 Guevara 上与其他人组成小组，将小组成员的部分保费集合到一起。如果小组某成员出险率低，则该小组所有成员最高可节省 50% 的保费。

九、Insure A Thing（英国）（insureathing.com）

Insurance A Thing 的宗旨是护你所爱——拒绝晦涩难懂，拒绝花言巧语。保险产品的实际保险范围由一群想法一致、公认公正的人制定。该企业与传统保险公司的不同之处在于，保单通俗易懂并且不设除外条款，对被保险人的索赔进行快速处理、闪电赔付。

十、League（加拿大）（league.com/ca）

League 是一个面向雇主的数字化健康平台，能够帮助企业更好地完善职工福利。该平台将职工纳入健康福利网络体系，提供多样化的职工健康产品供雇主选择，即给雇主带来便利，还使企业节省了开支。League 意图取代传统健康保险，成为新一代数字化健康保险，为职工提供最有价值、最便利的健康产品，使其靠职工福利就能过上不错的生活。

十一、Lemonade（美国）（lemonade.com）

Lemonade 是一家财险公司，用户每月支付该公司一小笔订购费，就能获得公司为其量身定制的移动保险服务。公司利用人工智能机器人，只需 90 秒即可完成承保。该项服务在 iOS、安卓系统以及台式电脑上均可使用。目前，该公司仅服务于纽约，但它计划将业务扩展到全英国。2015 年该公司获得 1300 万美元的种子投资。

十二、Simply Business（英国）（simplybusiness.co.uk）

Simply Business 是英国最大的网络保险公司。该公司最初为中小企业提供保险产品在线比价服务，其中包括 Aviva、Hiscox、QBE 和 Zurich 四家公司的保单。为了跟上数字金融的步伐，该公司开始为客户量身定制可迅速应用的保险产品。

十三、So-sure（英国）（wearesosure.com）

So-sure 是一家手机保险公司，用户及其朋友可以进行账户连接并每年获得现金返还。So-sure 意为“社会保险”，一种真正让人安心的保险新概念。只要用户的手机没有丢失或损坏（即没有索赔），就能和朋友进行账户连接，并且每年可获得高达 80% 的现金返还，即 So-sure 为每个用户设立奖励罐（Reward Pots）。在每年末，当用户和朋友都没有发生索赔时，就可以从奖励罐中提取现金。

十四、Spixii.ai（英国）（spixii.ai）

顾名思义，Spixii.ai 是利用人工智能和机器学习技术开展承保业务的。该初创企业利用智能保险代理人（又称为聊天机器人）与客户对话，为客户提供方便快捷的个性化服务。

十五、Trov（英国）（trov.com）

Trov 是一家保险科技公司，该公司意图改造移动时代的保险，为那些因保单复杂而不愿意投保的客户提供新的选择。通过 Trov 应用程序，用户可以接入保险平台，该平台会根据用户需求，为不同的可保标的提供实时定价。

面向中小企业与独立工作者的保险科技创新：美国 Next Insurance

刘　馨

Next Insurance 成立于 2016 年，总部位于美国加利福尼亚州帕罗奥图市（Palo Alto）。Next Insurance 与多数市场上常见的新兴保险科技企业不同，它的主要方向定位于专门为中小企业和独立工作者提供在线保险服务。公司官网将 Next Insurance 的主旨概括为“It’s your business. Protect It.”，将产品方向描述为“Small Business Insurance You Can Trust”。Next Insurance 主要针对中小企业主，其设计的保险产品包括私人健身教练保险、摄影师保险、建筑承包商保险、庭院设计保险及看护保险等。Next Insurance 注重与保险公司合作推出保险业务，并将这些业务与其技术平台打包。面向商业摄影师的保险产品正是 2016 年 12 月 Next Insurance 和 MunichRe 携手推出的成果。

一、Next Insurance 的主营业务市场潜力巨大

2013 年美国非寿险保费收入 7260 亿美元，总人口 3.165 亿人，GDP 为 167681 亿美元，非寿险保险密度 2293.8 美元，非寿险保险深度 4.33%。同年，瑞士非寿险保险密度 3490 美元，非寿险保险深度 4.4%；荷兰非寿险业务保险密度 4466 美元，非寿险保险深度 9.4%。虽然美国保险市场发展已非常完善，但与世界非寿险最发达的国家间还存在明显差距。2013 年，美国商业责任险

保费收入 840 亿美元，商业责任险保险密度 265.4 美元，商业责任险保险深度 0.501%。

美国责任险的主要分类和各部分在责任险总额中的占比见图 3-2。一般责任险、职业责任险、商业多重责任险和医疗事故险的占比较高，均超过 10%，2013 年一般责任险、职业责任险、商业多重责任险和医疗责任险的占比分别为 33%、17%、16% 和 12%。Next Insurance 的产品多数属于非寿险，覆盖中小企业和独立工作者的财产损失和职业责任。根据瑞士再保险的研究结果，2013 年美国非寿险业保险深度和保险密度仅分别为荷兰相应指标的 51%、46%，美国非寿险的人均保费和保险深度的"天花板"尚高，仍有很大的市场空间。

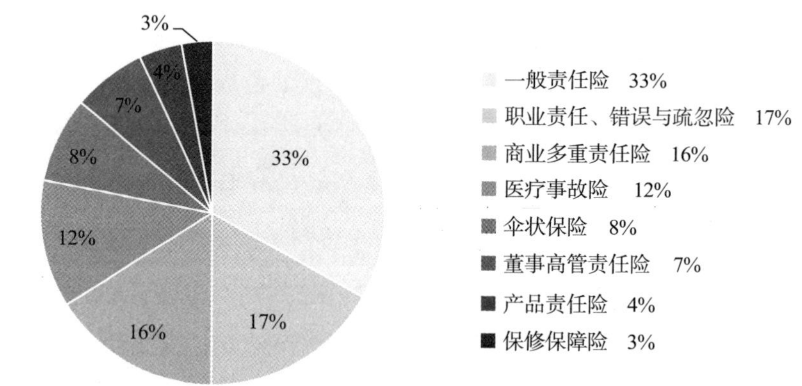

资料来源：瑞士再保险经济研究及咨询部。

图 3–2　2013 年美国责任保险细分种类占比

Next Insurance创始人选择中小企业和独立工作者作为产品受众，恰恰是因为小型企业保险市场空间大，可保风险类型多元化，且目前对该领域的认知度和普及率都比较有限，相应的保险产品设计匮乏，数字化程度还很低，使得大部分风险游离在保险保障之外。Next Insurance正是瞄准了市场空缺，关注被忽略的细分市场，挖掘市场潜力，为公司带来具有创造性的增长点。

二、Next Insurance 企业发展

（一）产品创新

Next Insurance 致力于市场创新。目前比较有亮点的包括私人健身教练保险、摄影师保险和建筑承包商保险。私人健身教练保险承保健身教练本人以及客户在训练中收到损伤的风险。摄影师保险承保摄影师本人的人身伤害，以及摄影器材丢失、被盗、损坏和拍摄中客户可能发生的意外等风险。建筑承包商保险按工作内容分类分为木工、电工以及水暖工等十一项保险产品，以木工为例，该保险产品可以转移施工过程中的第三者责任、屋主财产损失、广告责任及相关法律费用。

不同于市场上多见的董事高管、医生和会计师等职业责任保险，Next Insurance 着眼于一般保险公司不会关注但的确有大量保险保障需求的职业，甚至譬如木工、墙壁粉刷工等。相较于传统的保险产品，Next Insurance 设计的这几款产品将中小公司员工在工作过程中可能遇到的人身伤害、第三者责任、财产损失、广告诉讼及法律费用均考虑在内，为被保险人提供全面细致的保障，真正从被保险人的角度出发，将众多风险一次性打包，极大地方便了非专业人士对自身风险的控制。

（二）融资规模

截至2017年第二季度，Next Insurance完成3500万美元A轮融资，融资总额达到4800万美元。A轮投资领投方为Munich Re/HSBVentures、Markel和Nationwide，跟投方为几位原投资人。Munich Re/HSBVentures为慕尼黑再保险风险投资机构，2017年领投Next Insurence、Neos、Trov、Augury及Relayr，总共为这五家企业投资125万美元，其中投资Next Insurance的金额仅次于投资Trov的45万美元。

（三）科技运用

中小企业和独立工作者与大型企业不同，可能没有自己的专设机构或部门与外界沟通，甚至可能没有专门的网站，只有通过社交网络能够与其

联系。为了建立与目标客户的“直接联系”，更大程度地方便投保人，Next Insurance 成为首家在社交媒体渠道提供全方位保险服务的公司。于 2017 年初推出一款新的保险智能聊天机器人，允许人们直接在脸谱网上购买保险。从该渠道进入的客户可以通过智能客服完成自助投保，人工客服只有在客户的要求下才会介入销售。Next Insurance 负责人表示，根据客户的反馈，虽然可以完成自助投保，但是消费者和智能客服的交互体验比较一般。

Next Insurance 的 CEO 兼联合创始人 GuyGoldstein 表示，公司正致力于为中小企业和独立工作者服务。Next Insurance 线上保险业务平台通过简化注册和沟通流程，克服了许多传统困难，并将实现通过数据分析来迎合每位用户的独特需求。

鉴于线上投保平台有待改进，Next Insurance 下一阶段的发展会紧追保险科技的热潮，开发和应用人工智能及大数据。公司计划用融资获得的资金在完善人工智能服务的同时开发更多的保险产品，进军新的行业。

企业职工健康管理：医疗控费、健康预防与保险科技——新加坡 CXA Group 案例分析

方　玺

近年来，我国保险业得到迅猛发展，人们的保险意识也逐渐增强，但我国在保险深度和保险密度方面依然不及发达国家水平，尤其在企业员工保险方面，企业如何在控制成本的同时保证员工的身体健康是一个比较棘手的问题。从这个问题出发，本文探究了新加坡保险科技公司 CXA Group 的解决之道，其工作理念是将员工福利的重点从治疗转移到预防上来，将企业、员工、保险公司及健康生活方式提供商整合到一个平台上，为员工提供个性化健康服务，帮助企业简化管理流程，减轻企业保费压力。

一、CXA Group 概况

CXA Group 创立于 2013 年，总部位于新加坡。CXA Group 的宗旨是通过运用各项技术改变现有保险的支出方向，以改善员工健康状况，并限制企业医疗保险成本的上升。其创始人 Rosaline 在公司成立时发现：公司为员工支付的保费逐年增加，但实际上员工的身体健康并不能得到保证。传统员工福利产品普遍存在以下三个痛点：

一是企业为员工购买保险并不能使员工的身体健康得到改善，反而有变差的趋势。

二是公司的保费支出与员工的身体状况密切相关，只有员工身体健康才

能实现企业和员工的互利共赢。

三是虽然每年公司的保费支出很多，但员工可能享受不到由此带来的福利，比如对于身强体壮的年轻人来说，为其购买医疗保险还不如给他们办一张健身卡。

因此，CXA Group 想为用户搭建一个汇集了包括雇主、员工以及保险公司和医院等相关参与者的新的保险服务平台，根据员工各自的情况提供最相关的保险和保健服务组合，以满足他们的个性需求。同时雇主使用 CXA 平台将其供应商（例如，健身房、医务人员，以及健康检查机构和疾病预防协会等）整合到一站式市场上，运用数字化管理大大降低管理工作量。CXA 不是纯粹提供建议，而是通过使用数据作出有针对性的建议，并为健康和疾病管理提供商提供最好的解决方案。

二、商业模式分析

（一）价值主张

CXA 是一个独特的健康福利综合平台，提供可定制的一站式服务，帮助企业人力资源部门管理所有既有的保险和健康福利产品供应商，以及员工活动情况。CXA 的创立旨在优化职场的健康状况，进而减少雇主可能增加的额外成本，并将企业的医疗开支从治疗转向预防。其创始人 Rosaline Koo 曾在美世咨询公司亚太地区工作八年，在多年的工作中她发现健康保险业的客户很痛苦，他们常常面临保险费用不断上涨和员工身体健康不断下降之间的矛盾，企业的生产力也因此受到影响。实际上，传统模式下保险只有在员工的身体健康受到损害时才能发挥作用，但这并不是其缴纳保险的初衷。

虽然在市场上有很多员工福利平台，但是 CXA 却有其独特的地方，其中最基本的也是最重要的，CXA 是一个具有创新技术平台的经纪人。其工作重点是使用数据和技术帮助企业改善员工的健康状况，从而降低其保费成本。例如，首先对员工进行在线健康检查，不仅有助于评估员工的保险需求，而且还提出有关健康生活方式的建议；然后汇总所有员工的数据，以创建公司的整体健康状况，使其能够准确预测未来三年的保费，同时也根据他们的业务和市场推出真正量身定制的解决方案。可以说，从头到尾数字化一切，并为客户创造最大化价值是 CXA 公司一直以来的工作原则和价值追求。

（二）用户体验

CXA Group 作为一家保险科技公司，一方面，利用保险公司和供应商的数据来为用户量身定制保险服务，这种定制化的服务可以帮助企业降低管理成本，也能最大化满足员工的保险和保健需求，节省不必要的开支；另一方面，CXA 一站式平台整合了保险公司、医院、医生、健康检查和健康服务提供商，员工通过线上商店享受数字化的健康产品和服务，企业也可通过 CXA APP 或网站简化年度登记的步骤和跟踪索赔的流程。与此同时，CXA 能通过对员工健康风险评估、健康筛查结果和索赔分析设计出更有效的健康计划，改善员工的身体状况。CXA 还会奖励员工的健康成果和他们参与的健康活动，减少未来医疗索赔的可能性。员工还可以随时了解 CXA 的健康评分，评估自己生活方式的合理程度，预警可能存在的生病风险。

（三）工具和过程

不同的人有不同的需求。在提供健康福利方面，非常重要的是要避免将员工分类，并假设他们想要或需要的好处；相反，健康福利应该针对个人，从而能够最大限度地给予员工自主权。为此，CXA Group 公司提供以下有针对性的解决方案。

一是健康分析，确定风险。要求员工填写调查问卷，让人力资源部门的专业人员根据准确数据建立员工健康档案。这样可以全面了解每位员工的独特风险和保险要求。通过分析还可以向人力资源部门提示需要改进的区域，并协助其预防风险。

二是视频医生咨询。通过 Skype 等网络通信工具进行远程医生咨询，对每位员工的健康生物识别进行专业分析，并使员工获得个性化的咨询，从而可以节省员工的时间，不需要去医院等待几个小时才能就医。

三是模拟人脸老化。CXA 根据员工目前的生活方式模拟他们老化的面孔，帮助他们将自己的健康选择的影响视觉化在他们的脸上，并使用这种具有冲击性的图像使员工认识到长期不健康的行为对身体造成的影响，让其成为坚持积极生活方式的有力动力。

四是自主获得健康计划。员工有能力选择最适合其个人和家庭需求的福利。CXA 为每名员工提供了一定的分数，可以用来在线选择他们的福利，还能够将不需要的保险金转换为其他最适合个人需求的健康服务。这种线上操作也有利于减少企业人力资源部门的工作量。

五是强大的数据分析。CXA 跟踪并捕获索赔、生活方式风险、健康检查结果等数据，并实时评估健康干预措施的趋势、风险、结果和投资回报率。这些数据反过来可用于未来的预测和健康管理策略，以进一步改善员工的健康状况并降低索赔成本。

总之，CXA 平台是一种用户导向和基于互联网的服务，可以将员工的行为、需求和偏好转化为可衡量和可操作的指标，客户可以利用这些指标来设计更有效的员工健康福利。通过实现自身与客户端之间的数据互通性，CXA 保证了系统数据调用的一致性，帮助客户以即插即用方式管理不同的数据。

（四）合作

CXA 作为一名经纪人，是针对银行和保险公司等机构提供“白色标签”的平台，这些机构能够以自己的名义使用这个平台为中小企业提供服务，可以最直接地了解用户需求。同时，CXA 也始终与科技机构和企业保持密切联系，并在 2017 年 2 月获得新加坡 EDBI 和飞利浦的联合投资，其中 EDBI 是少数以数字健康为重点的经验丰富和知名的亚洲投资者之一，而飞利浦在个人健康监测和大数据方面的专业知识对 CXA 来说都是巨大的资产。可以预见的是，CXA 将在员工预防、诊断到治疗疾病的过程中获得飞利浦的技术解决方案。甚至 CXA 能够整合飞利浦领先的健康监控解决方案和服务，跟踪员工的生命体征，并根据临床医学为他们提供有针对性的指导，帮助他们预防和治疗慢性疾病，进而保持健康的生活方式。

三、总结

CXA是一个致力于为企业员工提供保险和健康服务的新加坡线上市场，聚合了保险公司、体检中心、医院诊所以及健身课程提供者等供应商，汇集了大量的个人医疗健康产品。平台会给予每位员工一个固定的福利钱包，其货币化价值相当于其保险和医疗费用，一旦员工生病会得到赔付，保持健康会得到奖励，员工可以根据自己的健康需求、偏好和生活阶段进行个性化配置，进而激励其保持健康的生活方式。CXA会利用收集来的员工健康大数据对企业提出合理的建议，在维持员工健康的同时，降低企业成本。

反观中国，大多数企业提供的还是固定的福利，根本无法适应疾病发生率和医疗费用逐年上涨的趋势，还有部分企业甚至没有“五险一金”。因此，如何利用健康管理平台控制成本，中国企业不妨借鉴CXA给出的答案，那就是转治疗为预防的理念以及大量应用保险科技。

Oscar：小病小症的有效个人健康保险创新

李文秀

Oscar 是美国一家互联网健康保险科技公司，2016 年毕马威全球金融科技 100 强报告中，该公司名列保险科技公司第一位，被誉为撬动美国健康险的一只“独角兽”。Oscar 旨在将保险与互联网医疗健康管理融合，提供医疗服务，处理医疗报销，控制医疗成本，通过技术、设计和数据让健康保险与医疗服务更加人性化。

一、诞生背景

2010 年奥巴马医改法案通过，该法案要求建立全民医疗保障体系，所有美国人都应拥有医疗保险。Oscar 公司正是借着这一股东风，瞄准个人健康险市场，将目光锁定在那些没有个人医疗保险、没有达到政府医疗救助标准的人身上，通过网上医疗保险交易市场，为广大民众提供个人健康险产品。

Oscar 的宗旨是，让保险更简单易懂，让产品更低价亲民。该公司最大的特点在于，将健康管理与医疗保险相结合，让消费者在受到健康险保障的同时，享受相应的健康服务，从而降低用户的患病风险和企业的经营成本。

二、保险产品与健康服务

Oscar 承保范围主要是小病小症，不涉及重大疾病等保障，在健康险市场上角色定位很明确——基本医疗的守门人。Oscar 不仅提供医生就诊服务，还可以报销部分非专利药品。对不同的用户，有“青铜”“白银”“黄金”

及“铂金”四种保险计划可供选择，不同的等级对应不同的保费、免赔额和报销比例，但所有计划均免费提供疫苗注射、过敏检测、节育措施及健身房会员资格等健康服务。

Oscar 利用 Misfit 健康手环实时收集并监测用户的健康数据，完成每日步数计划就可得到礼品卡奖励，借助这项奖励措施，该公司希望能鼓励用户保持身体健康、降低患病风险，从而控制保险赔付额。

每位 Oscar 用户都配有管家小组，该小组由健康管理专家和护士组成。管家了解并跟踪用户的历史健康情况，并随时提供医师挑选、时间安排及健康建议等服务。

不仅如此，Oscar 还成立了自己的医疗中心，为会员提供多种医疗服务，其中包括免费年检、产检、心理咨询、瑜伽课程、心电图、注射疫苗及验血等服务。

三、远程医疗

用户可以通过 Oscar 官网的关键词搜索功能，查询医师以及非专利药物和就近医疗机构等。根据症状和病症的复杂程度、医生的距离和时间安排、医生口碑评分等，用户可以自己选择合适的医生；医生可通过患者的电子病历了解既往病史，尤其是对于患有慢性疾病的病人，医生对患者有更全面的了解，以方便医生对患者的身体状况作出更为准确的评估。

只需要一个手机应用程序，用户就可以在家里实现远程就医、线上问询。这种远程医疗、快速医疗服务是一次大胆的创新，将患者与医师紧密联系起来，真正让患者能快速就医、便捷就医。

四、市场表现

Oscar 被认为是美国医疗保险界的一股创新力量，先后接受了 Fidelity International、Google Capital、Thrive Capital、Goldman Sachs 和 Peter Thiel 等机构及个人的投资，2015 年该公司已经把业务从纽约扩展到加州、新泽西、得克萨斯等州，用户数量也从 4 万人增至 14.5 万人，公司年收入达到 7.5 亿美元左右。2016 年 3 月，该公司估值约 27 亿美元。尽管如此，公司的市场表现仍不乐观。2015 年，Oscar 亏损 1.2 亿美元，2016 年第一季度亏损 3900 万美元。

除业务扩张使成本攀升、医疗诊所运营支出增加外，还有一个重要的原因是个人健康险市场需求有限，消费者投保的意愿并不高，如果没有足够吸引人的价格和保障，更多人愿意选择团体保险。对于小企业来说，由于没有足够的资金作为支撑，势必在产品价格上没有优势，那么对于标准体、次标准体消费者而言，其投保意愿便会削弱，保费收入减少；此外，由于 Oscar 核保快速、简单，个人仅需要提供年龄、收入等简单信息就可以签订保单，这就不可避免地导致带病投保，大大增加赔付支出。

正是因为个人健康险市场上逆选择和道德风险高的窘境，Oscar 随后开展了团体健康险业务，与各市场巨头竞争。但是，如何在团体健康险产品遍布的市场上开辟出一条新路来，这将是 Oscar 公司无法回避的难题。

五、总结

Oscar 保险科技公司将互联网、保险产品和健康服务相结合，开创远程医疗问诊，将患者与医生紧密联系起来，是个人健康险市场上的一次创新之举。但由于美国个人健康险市场消费意愿不足，公司尚处于成长期，如何找到合适的盈利模式仍是个难题。

即时汽车保险应用——Cuvva 案例分析

方　玺

如今的汽车保险行业依然是一个不够灵活的市场，大多数人购买车险还是纯粹以价格作为唯一的参考，而以服务来衡量保费值不值得的理念还没有深入人心。除了我们的年龄、驾驶历史、职业和年度里程等基本数据外，保险公司几乎不知道我们将面临多大的风险。结果，大多数司机觉得被错误估计并缴纳不适合自己的保费，或者说目前大部分车险都没有完美贴合用户真正的需要。而在英国，一家保险科技公司——Cuvva 开始将按需保险的理念应用到车险中，用户每月只需缴纳很少的基础保费，而在用户开车的时候，以小时为单位收取保费，这样就解决了一些不经常开车的用户与经常开车的用户支付等额保费的问题。用户只需要在 Cuvva 的手机应用程序上花几分钟时间就可以完成操作，即时、简单、便捷地享受以上服务，这便是 Cuvva 带给汽车保险行业新的玩法。

一、Cuvva 公司概况

Cuvva 成立于英国爱丁堡，是一家专注于汽车保险的科技公司，目前该公司已推出以下两种即时车险服务：

一是汽车共享。在借用朋友车辆时，可以购买一笔按小时计费的临时保险。

二是订阅服务。这是一种长期保险，服务对象是生活中一些不定期驾车的用户。用户在停车期间只需每月支付低额的订阅费用，而需要开车时再通过应用程序“充值”保费。

显然，相较于以往按年支付的车险，Cuvva 给予了用户更多的控制权和灵活性，用户能够随时随地按照自己的需求购买车险。此外，由于应用程序上保险定价都是透明的，而且可以随时取消，用户不会支付任何隐藏性或者欺骗性的费用。据 Cuvva 统计，相较于传统车险业务，Cuvva 可以给每年行驶不足 6000 千米的客户节省高达 70% 的保险成本。

二、商业模式

（一）产品覆盖范围

一是汽车共享。当前的汽车保险有这样一个值得注意的“缺口”：很多人都有借车的经历，但在借车的过程中由于没有保险覆盖，一旦发生事故很难得到保险公司的理赔，而且车主的保险费用也会因为事故在以后被迫增加，因此大部分车主是不愿意借车给别人使用的。为了解决这个问题，Cuvva提供了汽车共享服务，即使用户不是车主，该服务也可以随时为车辆提供全面的临时车险，用户可以选择从1小时到28天中的任何时间作为保险期限，这大大提高了该保险的适用范围。并且，Cuvva的这个保险政策是完全独立的，即使发生事故，车主也不需要在未来缴纳更多的保费。

二是订阅服务。订阅服务是 2017 年 Cuvva 新推出的一项车险产品，用户每月缴纳 10~30 英镑费用，用于支付基本的火灾险和盗窃险，而当用户驾车行驶时再支付每小时 1.2 英镑的额外费用，可以看出，这个产品针对的是平时乘坐公共交通工具上班的城市居民，这些人也不经常在晚上和周末驾车外出活动，他们通常每年开车距离在 5000~8000 千米。这种根据司机驾驶时间和里程支付保费的车险，使平时开车较少的用户不需要和经常开车的用户按年支付等额保费，对于他们来说，Cuvva 无疑是更加公平、更加灵活的选择。

（二）应用程序体验

2015 年 Cuvva 就已经推出了 iOS 应用程序，可以让用户在 10 分钟内完成注册、获取报价并购买保险。首先需要输入姓名、地址、出生日期及驾照照片进行注册，然后输入车牌号和车辆近似价值就可以选择用户要保险的时间，此时软件会自动跳出保费价格，最后需要拍摄车辆照片来证明用户和汽车在一起并授权付款。整个过程只需要在手机上操作，实现了完全数字化的体验，用户因此能够随时调整保单，而在传统车险业务中，用户不得不致电保险公司调整保单条款或细节，浪费了许多时间和精力。

（三）保险费用

用户可以根据需要自己定制保险服务，在 Cuvva 的官网上并没有看到相关车险的具体价格，只给出了一个保费计算器，用户输入汽车车型以及用户的家庭住址、年龄以及每月驾驶时间、没发生索赔时间等就可以计算出当前的年度保费。在这些因素中，每个月开车时间是影响年度成本的最大因素，这也从侧面反映出 Cuvva 提供的保险是一种按需保险，主要根据用户的使用情况来提供精确到小时的短期保险。

与传统车险相比，Cuvva 的计费方式也比较特别。由于 Cuvva 发行的短期车险产品持续时间不超过 28 天，用户每年需要支付 13 次的订阅费用，在每期末订阅费用会有一定的增减调整，而在订阅期内用户需要在驾驶车辆时缴纳最短一个小时的保费，即使只驾车 20 分钟，仍然需要购买 1 个小时的保险，而且一旦购买了短期保险，保费是无法退还的。

（四）服务理念

在 Cuvva 的保险服务中，处处体现了客户第一的服务宗旨，尽力实现用户和保险产品之间的零距离接触。Cuvva 创建了一个在公司和客户之间进行直接调解的技术平台，不仅能够切断中介成本，以非常低的成本提供保险，还提高了产品透明度，帮助用户节省保费支出。此外，Cuvva 还建立了一个系统，与 DVLA（管理英国车辆登记和驾照的机构）等第三方机构直接连接以便能够及时准确地评估风险，当出售保险产品时，会将用户信息发送给警方的车险数据库，系统还会查看用户以前的索赔记录。由于保险科技的进步，这一切操作得以在极短时间内实现。

为了避免用户在驾车时忘记购买保险，Cuvva 提供了一款硬件设备，该设备可以和 Cuvva 的手机应用程序同步，因此用户选择的保险会在汽车发动后自动激活。可以预见的是，用户未来保单状态的开关会逐渐实现自动化。

三、总结

Cuvva公司完全数字化、移动化以及快捷方便的保险服务令人印象深刻，依赖技术应用，Cuvva可以快速、灵活地响应用户的各种需求，提供更加透明的保险产品，实现“按期付费”的车险服务。这种利用科技去解决保险业中现存问题的做法，值得我们借鉴和学习。在笔者看来，保险科技公司能够提供的不仅是一个个保险产品，更是一种种生活方式，并不断追求消费者福利的最大化。

专为电商而生：德国 Simplesurance 保险公司

方　玺

如今数字化浪潮席卷全球，以前相对保守和封闭的保险业受到巨大冲击，传统业务模式逐渐被打破。随着互联网、大数据和人工智能的飞速发展，保险业变得更加透明、便捷，为客户提供个性化保险服务逐渐成为现实。近年来，电子商务产业飞速发展，越来越多的人习惯于方便快捷和价格合理的网络购物，但是网上购物可能存在产品质量、售后服务及退换货等风险。故而保险与电商的结合变成了必由之路。2017 年“双 11”活动当天，支付宝的成交总数为 14.8 亿笔，单日消费保险出单 8.6 亿单，也就是说平均每秒消费保险出单近 1 万单。这些惊人的数据在传统保险业里是无法实现的，甚至是无法想象的，如今借助保险数字化，这些都成为现实。互联网保险的魅力正吸引着越来越多的保险公司，来自德国的 Simplesurance 就是一家专门为电商提供产品保险和服务的保险公司。

一、公司概述

Simplesurance 成立于 2012 年，主要业务是将传统保险业与快速发展的电子行业连接起来，为电子零售商提供一种创新的交叉销售的保险解决方案。目前，Simplesurance 已经与 2000 家在线零售商进行合作，借助自主开发的交叉销售软件，消费者只需在网上平台的购物车中轻轻一点，即可为自己购买的产品上一份保险，实现质量、保修等方面的保障。

作为保险数字经纪人，Simplesurance 与承保保单的保险公司合作，为客户提供的保险产品主要覆盖了移动电子设备。在一些国家，Simplesurance 甚至还提供宠物保险。消费者不仅可以在电商网站上购买保险，还可以登录 Simplesurance 的网站，为已购买的电子产品挑选适合的保险。

二、商业模式——交叉销售解决方案

交叉销售是指发掘存量客户的各方面的需要，针对其多种需求的特点，最终实现销售关联产品或服务。交叉销售的显著优势在于可以充分开发现有客户，而客户需求在有相关性的不同企业之间可以最大限度地发挥交叉销售的作用。传统的保险公司往往与线下零售商进行合作，零售商在销售产品的同时也会向用户提供或推荐相关保险产品，这样不仅控制了保险公司的销售费用，也相应提高了产品的吸引力。以目前在人们的生活中离不开智能手机来说，用户往往面临手机摔落、进水及被盗等风险，除了平时对手机多加爱护之外，为自己的手机购买保险也成为越来越多人的选择。Simplesurance 就是这么一家为保险公司提供与零售商进行交叉销售解决方案的公司，不过与传统交叉销售保险不同的是，Simplesurance 提供的是数字化解决方案，将保险产品整合到电子商务网站上，用户可以像购买普通商品一样，只需轻轻一点，就可以为自己的手机等产品购买保险。

Simplesurance 开发的解决方案可以集成到在线商店的结账过程中，给予用户一键点击的购买体验，直接在电商网站上交叉销售产品保险。这个方案主要从以下三个方面发挥作用。

（一）商品属性分析

首先要对商品的属性进行分析，这样才可以精准地了解这种商品需要何种类型的保险，才能更好地为消费者提供备选项。Simplesurance 在进行商品属性分析时，以产品自身的特性为依据，对比产品和保险服务的相关性，借此有针对性地推荐保险，促成“销售的交叉”。

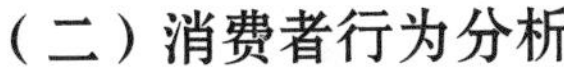

（二）消费者行为分析

在网络中有消费者大量的互动信息、浏览信息及购买信息等，Simplesurance 就是借助大数据技术，广泛收集此类信息用于解析消费者的行为，提高交叉销售效果。比如，可以通过消费者的浏览足迹、购买产品、消费量和关注程度等方面的特征分析消费者的偏好，有的放矢地推荐保险产品。

（三）网页交叉销售页面设计

一是产品详情页面。Simplesurance 在进行交叉销售保险设计时，往往把顾客最可能一起购买的保险服务放在最方便的地方，甚至提供复选框，让其点击一次就可以同时购买商品和保险。为了避免保险产品的喧宾夺主，Simplesurance 只会推荐最适合该产品的保险，不让消费者有较多的选择困难，避免让顾客感到无所适从，最后反而什么也没有购买。

二是购物车页面。顾客既然将所浏览的商品放入购物车，那就意味着最终购买的可能性非常大，因此此时交叉销售更可能会成功。相较于详情页面，购物车页面上 Simplesurance 提供的保险信息更加简捷，而且是能够很方便的加入支付流程中，进一步优化消费者的购买体验。

Simplesurance 设计开发了一套即插即用的软件插件，只需要花费不到五分钟就可以安装好，从而轻松实现上述内容。这个方案可以让店主在网上销售时赚取额外的利润，同时客户也能购买到适合且便宜的保险，而且整个过程只需点击几下，没有任何文书工作。

三、用户体验

对于一家完全数字化保险经纪公司来说，用户体验永远是放在第一位的。Simplesurance 在不同国家共有 9 个不同的保险零售门户网站，这些网站直接面向消费者，用户可以为自己已经购买的产品或者正在使用的产品选购相应的保险。此外，Simplesurance 还提供数字经纪人服务，用户只需下载移动应用，便可以随时随地地管理保单，还可以通过电话以及应用程序内的消息、电子邮件等方式联系自己的个人经纪人。

无论是 Simplesurance 为电商、保险公司提供的交叉销售解决方案还是 Simplesurance 自己的门户网站，用户体验到的永远是一种简单化、智能化及自动化的服务。例如，通过使用 Simplesurance 门户网站，用户可以为从智能手机和其他移动设备到自行车、家具和家用电器等各种产品进行投保，整个过程只需输入一个邮箱地址和可保产品的序列号。当在 Simplesurance 合作的网上商店购买新产品（例如智能手机）时，用户只需在结账时额外点击一下即可添加产品保险，而所有需要的信息将自动从购买详情中获取。此外，用户可以在线上全天候向 Simplesurance 报告索赔，处理索赔的过程也是完全自动化的。

四、合作

技术是 Simplesurance 的核心竞争力，除了雇用优秀的开发人员，Simplesurance 也与许多科技公司进行合作。比如来自于慕尼黑的 B2X 公司，该公司为智能手机厂商以及运营商创建解决方案，旨在让用户可以识别、报告及解决他们的设备问题，能够提供快速、无缝、高成本效益且具有实时可见性的服务，这些无疑都是 Simplesurance 所需要的技术支持。

2016 年，Simplesurance 开始与安联和慕尼黑再保险两家保险公司合作。这是 Simplesurance 发展的重要一步，也是进一步发展平台业务的基础。这使 Simplesurance 能够通过创建和开发最先进的保险产品扩展现有的产品组合，而且这些合作伙伴关系还有助于构建企业的风险管理体系。

此外，Simplesurance 还与超过 2000 家知名企业合作，比如一加、华为及德国网购平台（computeruniverse）等都在使用 Simplesurance 的交叉销售解决方案。

五、总结

如今，消费者逐渐习惯通过数字渠道管理生活的方方面面，他们期望一个高效的、易于使用的产品问世。Simplesurance 凭借技术优势，为保险公司和电子商务经销商提供创新交叉销售解决方案以及各种数字化和易于访问的保险服务。Simplesurance 还与知名保险公司合作，在用最优惠的价格满足顾客需求的同时，提供更加优质的服务和保险产品。由此可以看出，Simplesurance 正逐渐拉近保险和电子商务之间的距离，也让保险融入人们的生活中，成为人们生活的一部分。

肥胖人群的保险：美国 Mira 人寿保险公司

李文秀

Mira 是一家 2017 年 1 月成立于美国纽约的人寿保险公司，该公司以“在各种情况下提供简便低廉的保险”为宗旨，利用技术和机器学习重塑人寿保险，独特之处在于将主要客户锁定为较高风险的人群，主要是肥胖人群。Mira 与 AIG、Prudential、Protective、Legal General、Principal 等多家顶尖保险公司合作，它还曾入选 2017 年 500 家初创企业加速器的前十强公司，并于 2017 年 10 月 24 日获得 SiliconBadia 的种子投资。

传统保险对老年人、肥胖人群、吸烟人群或患病人群设置了诸多承保门槛，例如提高保费、缩小承保范围，甚至拒保，随着“保险 + 科技”的新潮不断涌动，科技正在改变保险业。糖尿病保险、老龄人保险等专门针对某一类特殊人群的保险产品不断涌现。Mira 人寿保险公司正是基于这个视角专门为高风险人群提供人身保险，其中最主要的人群就是肥胖人群。根据美国医学统计中心统计，美国已经成为受肥胖困扰人数最多的国家，肥胖人群已经占全体居民的 40%。

一、商业模式

（一）承保无纸化

承保无纸化是 Mira 公司承保过程中的一大亮点。高风险人群在投保时，需要填写大量表格，过程较为烦琐。Mira 将一切承保过程迁至线上，投保人在家通过计算机操作即可完成承保过程。对于高风险人群，例如肥胖人群，这种快捷方便的承保流程让他们足不出户就能购买保险，节省了大量精力和劳力，只需要 20 分钟，投保人即可完成投保流程。

（二）费率较低

Mira 声称，通过科技和机器学习，公司能够了解投保人的真实情况和需求，例如健康状况、生活习惯及保额需求等，从而得出个性化的保险费率。在传统保险公司，由于精算假设按照标准生命表制定，肥胖人群的出险率高于其他被保险人，故保险费率高于普通人群；而在 Mira，由于承保过程完全无纸化，在线上即可完成，公司的预定费用率较低，因此用户的保费较为低廉。公司官网数据显示，肥胖人群的最低保费可低至 10 美元 / 月，最多可为投保人节省 25% 的保费支出。

（三）承保计划

Mira 同时提供定期寿险和终生寿险两种选择。定期寿险的保险期限从 1 年至 30 年不等，保险条款和保险金额也会根据投保人的情况灵活调整。用户在官方网站填写表格后，就能够得到自己的保险费报价。表格包括税前年收入、收入替代期（家庭收入达到被保险人的收入所需要的年数）、未偿贷款、子女大学费用、额外一次给付（投保人期望给家里人留下的财产）、家庭积蓄及已有的人寿保险保额。

对于健康的年轻人而言，Mira提供的保险产品包括：定期人寿保险，以及包括保证可续保、可转换条款的保单。可续保条款能够让被保险人在合同期结束时无须体检即可续保，尽管保费会随着年龄增长而增加，但是不会随被保险人的健康状况而增加。保证可转换条款允许被保险人在任何时候将保单转换为终身寿险而无须再进行体检，保费只会随年龄增长而增加，不会随被保险人的健康状况而增加。不仅如此，如果投保人想退保，随时可以退保。

二、分析评述

Mira 具有人群针对性、承保无纸化及保费较低的特点，在美国肥胖人群众多的背景下，打着“专为肥胖人士定制的保险”的口号，可谓是相当的吸引眼球。但公司刚成立一年，业绩如何我们还不得而知。从有限的信息来看，笔者对 Mira 的发展前景存在以下几点疑问。

（一）公司竞争力

笔者并未看出 Mira 推出的产品与糖尿病保险等特殊人群的保险产品有何明显区别，也就是说如果一旦市场上有类似的为肥胖人群定制的保险，Mira 就有可能失去公司产品的亮点。此外，毕竟肥胖人群的出险概率较高，而公司的保险产品种类单一，Mira 是否有足够的现金流用于赔付，我们还不得而知。尽管 Mira 在官网声明与多家顶级保险公司合作，即使 Mira 经营失败，这些合作保险人也会承担给付义务，但众多保单如何分配给各家公司，这也是消费者担心的问题。在官网声明公司倒闭的后果，笔者还未曾见过这种行为，不知消费者是否会有些担忧。

（二）保险费率如何确定

尽管保险产品是“专为肥胖人士”定制的，但是如何界定“肥胖”？目前流行的指标是 BMI 指标（即 Body Mass Index，体重 / 身高 ^2），但 BMI 指标其实并不能反映一个人的身体健康与否，例如隐藏性肥胖人群内脏脂肪较高，但 BMI 指标仍然反映在标准范围内。

此外，肥胖程度不同，生活方式不同，风险也不相同。喜欢暴饮暴食和喜欢久坐不动的肥胖症患者，其并发风险是不同的，例如胃病和静脉血栓。公司在承保时是否会考虑这些生活习惯的差异，并进行保费的不同定价，我们还不得而知。

另外，如果投保人瘦身成功或者体脂率降低，其各种并发风险的概率随之降低，其保费是否也会相应降低？如果投保的是定期寿险，投保人尚可退保并转向其他产品，如果投保的是终身寿险，保险人将如何面对风险不同质的保险标的？目前我们还不知道该公司的终身寿险产品销量如何，笔者猜测销量将不如定期寿险，毕竟很少有人在明知肥胖带来的并发风险后仍保持原状。如果事实真的如预料中的一样，定期寿险带来的保费收入远低于终身寿险保费收入，Mira 将如何运用资金维持公司经营。

综上所述，Mira 将目光锁定于肥胖人群，非常值得关注；无纸化流程带来的低廉保费也十分亲民，但是肥胖症毕竟不像乙肝、糖尿病这种终身疾病，肥胖有显性、隐性之分，肥胖症也可以被治愈。如何合理地确定保费，公司是否有足够的资金用于赔付，还需要观望。

P2P 保险是否代表互联网保险的未来
——以德国 Friendsurance 公司为例

肖文铨

作为传统金融行业，保险业历史悠久，从传统的海上保险、财产保险、人寿保险到随着社会经济发展而出现的责任保险和信用保险等，保险产品的种类日益增长，销售渠道也日益增多，保险公司运营更为精细化，但保险公司运营的基本模式并没有显著的改观。近年来，信息产业的崛起和互联网的普及让众多传统行业嗅到了变革的气息，互联网保险同样发展火热。互联网保险应该怎样发展？来自德国的Friendsurance为我们提供了一个值得思考的发展方向。

一、P2P 保险的用户体验

Friendsurance 是德国一个成功的 P2P 保险案例，公司名是英文单词朋友（friend）与保险（insurance）的结合，2010 年创立于德国首都柏林。它凭借自己的核心技术，提出 P2P 保险的全新概念，意在为保险业带来前所未有的变革。Friendsurance 为消费者提供形式新颖且更为优惠的保险产品。消费者不仅可以享受相较于传统保险购买渠道更低的价格，还可以获得与传统保险殊为不同的用户体验。

在 Friendsurance，以下是消费者购买保险产品服务的体验（见图 3–3）。

一是消费者在 Friendsurance 的保险平台上购买产品。

二是通过社交网络，投保人向拥有类似保险的亲朋好友发出建立保险互助关系的邀请，参与到保险互助网络中。投保人也可以将该流程托管给 Friendsurance，被动享受服务。

三是若保险产品到期没有出险，消费者可以获得最高 40% 的保费返还。

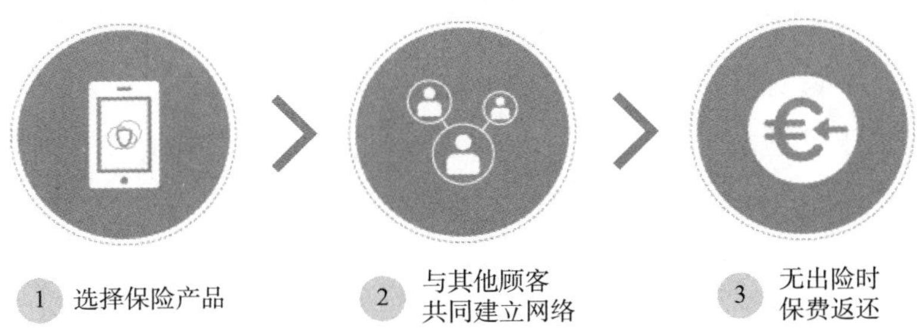

图 3–3　消费者在 Friendsurance 上购买保险产品的流程示意

二、P2P 模式的合作选择与平台化运营

作为一家初创公司，Friendsurance 是以保险中介的形式销售传统保险产品的，通过与传统保险公司合作，引入大量成熟的保险产品。Friendsurance 构建了完善的保险销售平台，不仅为消费者提供种类丰富的保险产品，还为消费者提供保险比价功能。消费者可以通过对不同保险公司的保险产品进行对比，综合考虑保险公司的实力和保险产品的特点，结合自身需求，从而选择最适合自己的保险产品。在进入保险业的途径方面，Friendsurance 无疑选择了正确的道路。我国互联网保险起步较晚，德国 Friendsurance 模式的平台化运营为我国互联网保险初创企业提供了借鉴。

一是避开自身保险产品开发能力不足的劣势。作为互联网创业公司，Friendsurance 在传统保险业务上的竞争力相对较弱，不能和传统保险企业相提并论。建立保险企业需要大量的资金和通过时间积累信誉，这对轻资产的年轻初创公司来说难以达成，而通过与保险公司合作则绕过了这个壁垒，将公司的运营中心放在服务上，也保证了所售保险产品的可靠性，并可以快速扩展公司业务，形成规模优势。

二是优化消费者体验。平台化的销售模式具有比价优势。在 Friendsurance 的网站上，消费者可以将类似的保险产品进行横向比较，综合考虑条款、费率以及保险公司服务等因素，作出最优选择，而不易受广告诱导或进行冲动消费。此外，通过统一的用户界面设计和流程规范设计，Friendsurance 可以提供一站式的保险产品服务体验，消费者不必重复学习多个保险公司网站的使用方法，降低使用成本，有利于平台提高用户留存。

三是便于开展公司特有业务。Friendsurance 特有的保费返还模式，是通过建立以现实联系为基础的投保人之间的保险互助网络实现的。购买保险产品后，投保人可以挂靠在公司提供的网络上，也可以向其亲朋好友发送邀请，对方接受邀请后双方建立保险互助关系。建立保险互助关系的双方并不需要购买相同的保险产品或购买相同保险公司的保险产品，而平台化的销售体系为此提供了便利，因而在实际操作中有较强的灵活性。在线销售渠道较低的销售费用使更低的保险费率成为可能，P2P 企业通过与保险公司的深度合作，可以借助补贴措施进一步扩大保费返还的规模，增强其保险产品对客户的吸引力，见图 3-4。

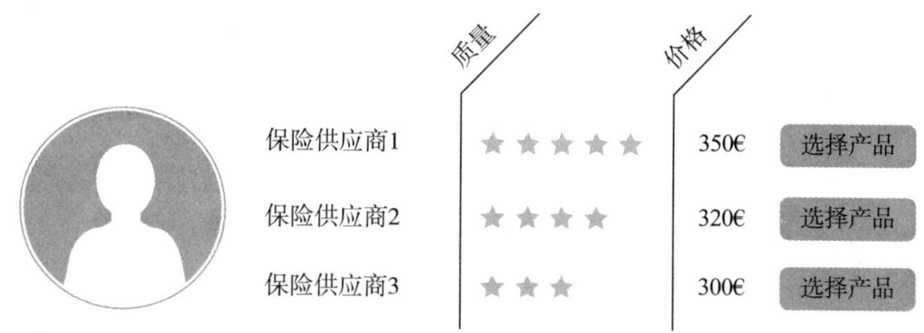

图 3-4　保险销售平台为消费者选择合适的产品提供了便利

三、P2P 保险的特征与内涵

（一）特征：互助网络与保费返还

事实上，保费返还业务是 Friendsurance 提出的 P2P 保险概念在实际保险产品中的应用。P2P 保险是建立在传统互助保险基础上的：建立保险互助关系的双方需要一个（较小的）互助金额，在一方出险后另一方将约定的金额支付给对方以帮助其应对损失，即投保人为自己亲友的损失负有一定金额的保障责任，在投保人出险时，保险互助网络能聚集一笔资金帮助其应对损失。在实际操作中，消费者支付的保费金额被自动分为两部分，一部分作为保险公司的保费，另一部分作为互助金额，在没有出险的情况下，这笔资金以保费返还的形式返还给消费者。保险互助网络的互助金额不会超过消费者购买保险产品的免赔额，超过免赔额的损失将由保险公司负责赔付。保险公司除对超过免赔额的保险损失负有赔付责任外，还向投保人提供一笔返还金额，作为参与保险互助网络的鼓励。Friendsurance 则额外提供了一笔津贴，在投保人向亲友支付的互助金额超过保险公司提供的返还金额时，由 Friendsurance 支付超出部分，以保证投保人能通过 Friendsurance 获得切实的优惠。以一份 75 欧元的责任保险为例，保费被划分为两部分，一部分作为传统保险公司的保费，另一部分作为互助金额进入风险池。传统保险公司额外向每位投保人提供一笔返还金额作为奖励，并先放入风险池以帮助投保人应对风险。有人出险时，在互助金额内的部分损失由风险池支出并分摊到每位投保人的互助账户上。当投保人互助账户的支出超过传统保险公司提供的返还奖励时，Friendsurance 会支付超出部分。参与互助保险网络的人数越多，传统保险公司提供的奖励越丰厚，在有约 10 人的保险互助网络下，如果没有出险，保险合同到期时每人大约能获得 39 欧元的保费返还。通过将传统保险与互助保险结合，Friendsurance 的 P2P 保险能够为消费者提供更广的保险覆盖。

（二）内涵：传统的机制与新的技术

P2P保险的概念由Friendsurance传统的互助保险和免赔额的概念以现代技术加以重新诠释产生。在这里提到的“现代技术”，最重要的就是社交网络的概念。社交网络在21世纪初迅速发展，大众普及度和接受度迅速提高。以著名的国外社交网站——推特和脸谱网为例，推特创立于2006年，截至2014年底已快速成长为拥有2.8亿活跃用户的社交网站，脸谱网从2006年对公众开放，截至2014年底拥有13.9亿活跃用户，而在类似脸谱网的实名社交网络中，电子身份的建立和现实联系的电子化已被广泛接受。以上这些条件为Friendsurance的保险互助网络的建立打下了坚实基础。

Friendsurance 以新技术驱动传统保险机制。传统保险机制即保险概念，是人们通过集资形成风险池以应对未来的风险，而将不确定的风险损失转化为确定的保费支付。这里的群体拥有同质风险，在地理或亲缘方面关系密切，比如同属一个村庄或一个家族；或是拥有类似的风险暴露，比如都进行海上贸易。而随着保险需求的增加和精算技术的发展，专业的保险公司以更精确的定价、更可靠的支持和更方便的服务获得信赖，从而代替原始的自发保险业务。信息技术的发展使保险风险池发生相应变化：从规模上看，相较于原始的保险形式，专业的保险服务能够提供更完善的保险合同、更精确的风险划分和群体划分以及更精确的精算定价，以更大规模的风险池替代原有的小风险池。大的风险池增加了风险的分散程度，减少了不确定性，从而能更好地降低费率，投保人因此能够享受更好的服务。Friendsurance 通过引入社交网络机制，提供了一个覆盖面更广的风险池，为一般保险的免赔额部分提供了保障。而这部分保障的运行机制看似与传统保险并无区别，但其背后的技术背景已经截然不同。从结果上看，考虑到损失金额和保险运营成本，现有技术并不能对该级别的风险损失提供保障，而 Friendsurance 借助社交网络和信息技术，建立成本更低且更高效的保险运营系统，将保险机制带入传统保险不能企及的领域。

在新的保险保障领域，Friendsurance 重新引入互助保险的概念。互助保险历史悠久，曾在保险市场上占有大量市场份额，但在激烈的保险市场竞争中逐渐被股份制保险公司替代。Friendsurance 则让互助保险作为现代保险产品的补充而重获新生。在 Friendsurance 的设计中，互助保险以保险互助网络的概念实现。保险互助网络是 Friendsurance 对社交网络的重新演绎。现有的社交网络在建立人与人的联系的基础上，企图将用户的现实关系转移到线上，并将在线关系作为用户现实关系的延伸，希望用户更多地建立虚拟联系，借助网络摆脱现实条件的桎梏。Friendsurance 的“社交网络”注重线下的强联系，希望用户将线下的重要联系转移到线上，“社交网络”只是作为互助保险实现地载体。利用电子化的现实联系网络，Friendsurance 可以方便地将愿意处于同一个风险池的人聚集，进而建立互助保险小组，相较于传统的互助保险极大地降低了成本。

值得注意的是，在简化手续并保留灵活性的同时，一方面由于互助保险网络中的每个个体都有对应的商业保险保单，相应的传统保险公司对投保人的（线下）信息审核为互助网络中投保人的身份作了担保，Friendsurance 在线互助保险的风险控制并没有下降，其身份认证的强度反而大于一般认知的社交网络，这为互助保险网络服务的顺利开展提供了坚强的后盾，与传统保险公司同样可靠的服务与便捷的优势是 Friendsurance 吸引客户的重要特点；另一方面，将互助保险的金额限制在保险产品的免赔额以下的设计可以避免互助保险与传统保险的冲突，明晰的赔付责任区分使保险产品不会复杂化，对传统公司而言也不需要为 Friendsurance 重新设计保险产品。对于用户来说，这样的设计有利于避免产生困惑，Friendsurance 不必将技术细节暴露在客户面前。如图 3-5 所示，用户不必了解 100 欧元的保费在 Friendsurance 中的运作方式，就可以简单地理解流程并使用保险产品。

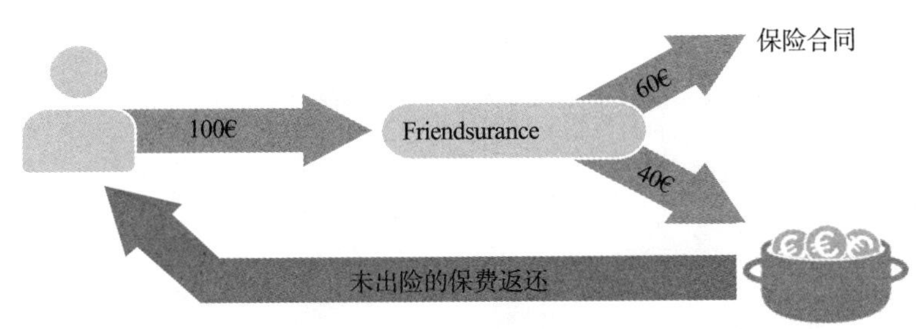

图 3–5　消费者的保费支付与返还示意

在互助保险网络的介入下，一方面保险产品的免赔额部分作为互助保险的互助金额，从而扩大了保险覆盖范围，为消费者提供更完善的服务；另一方面，免赔额作为保险公司应对道德风险的手段，也有了全新的意义。道德风险是保险公司不得不面对的风险，投保人在购买保险后的行为变化会增加保险公司的支出，上浮的保险费率继而也影响了投保人的利益。保险公司一般使用免赔额和让投保人自留一定比例损失的办法减少道德风险，而社交网络的兴起为保险公司提供了新的思考方向。通过社交网络的整合，“道德”被重新带回了保险业。人们欺骗亲友获利的意愿，总是小于欺骗保险公司的意愿；自己的小额损失让亲友代为承担，总是比让保险公司提供服务来得更令人尴尬。通过社交网络与保险服务的结合，保险公司可以利用社交网络的现实特性让投保人对自己的行为加以约束，更倾向于诚实地面对亲友的自然偏好，使保险公司遭遇道德风险影响的可能大大降低；而投保人的现实关系让投保人重新感受到保险的“实感”，更感性地理解保险的含义——投保人可以感到这不仅仅是一份条款拗口的保单，而是群体共同应对损失的约定，面对的不是一个秩序井然的庞然大物（保险公司），而是拥有共同风险的个体，这在另一个层面降低了道德风险发生的可能性。保险欺诈的可能性由于保险互助网络的存在也得以进一步降低，这使得 Friendsurance 更有能力向客户提供高质量且有价格吸引力的产品。Fiendsurance 降低保险费用的机制见图 3-6。

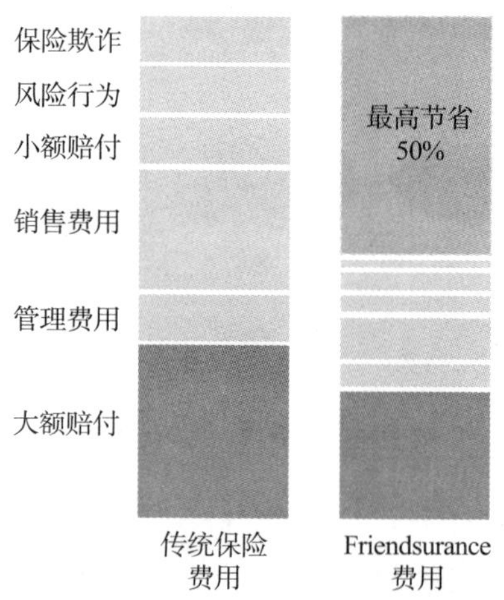

图 3–6　Friendsurance 降低费用机制示意

四、互联网保险未来发展的思考

Friendsurance 是传统保险与现代科技的融合产物，其产品兼具传统保险的稳重可靠和现代科技带来的轻巧便捷，降低了成本的同时提供了更完善的服务。此外，技术的复杂性也被很好地隐藏，简洁明快的服务流程降低了消费者的使用难度。

作为新兴的金融业态，互联网保险得到了保险公司的重点关注。互联网保险无疑会改变保险业的生态，但是如何改变以及改变的路径仍在探索之中。当前阶段，互联网对保险的影响主要在销售渠道。在传统渠道增长乏力，代理人、银行及邮政等渠道面对可见的发展"瓶颈"时，互联网作为新的保险销售渠道进入了视野，成为备受重视的销售渠道。随着消费者接受度的不断上升和电子商务市场的成熟，在保险公司的积极参与下，互联网保险规模爆发式增长。《2014年中国互联网保险行业发展报告》指出，2011年保险业28家公司的互联网保险规模保费为31.99亿元，2012年34家公司的规模保费为106.24亿元，2013年60家公司的规模保费为291.15亿元。我国过去三年互联网保险规模保费增幅总体达到810%，年均增长率达201.68%。然而在规模增长的同时，当前阶段互联网保险的局限性依旧明显，最明显的就是互联网保险的产品性质。现有的互联网保险尚未脱离传统保险范畴，且受制于销售渠道特点，在售保险产品仍以简单的短期意外险为主，较为复杂或需要定制的保险仍需通过传统渠道完成。亦即，互联网保险的影响力，或者说互联网在保险业的影响力，仍限于销售渠道。作为销售渠道，互联网有其天然优势，互联网保险所具有的效率与低成本的特点令传统销售渠道望而兴叹，发展前景也十分光明。然而，互联网在保险业的影响力不应只限于此。

Friendsurance 模式对我国保险企业 P2P 发展的启示是，用新的核心技术驱动传统的保险机制。将传统的互助保险和免赔额的概念以现代技术加以重新诠释，将社交网络重新演绎，配合精心设计的流程体验，Friendsurance 为我们带来了 P2P 保险。正所谓"佳句本天成，妙手偶得之"，P2P 保险产品

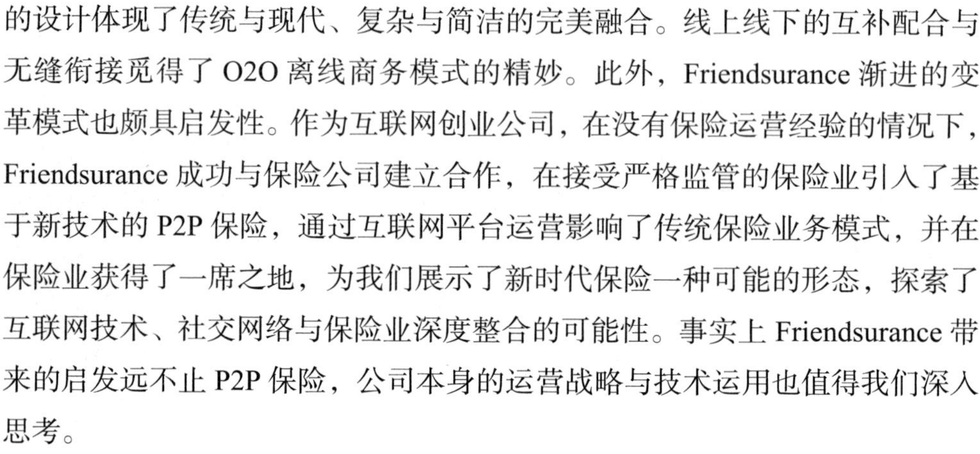
的设计体现了传统与现代、复杂与简洁的完美融合。线上线下的互补配合与无缝衔接觅得了 O2O 离线商务模式的精妙。此外，Friendsurance 渐进的变革模式也颇具启发性。作为互联网创业公司，在没有保险运营经验的情况下，Friendsurance 成功与保险公司建立合作，在接受严格监管的保险业引入了基于新技术的 P2P 保险，通过互联网平台运营影响了传统保险业务模式，并在保险业获得了一席之地，为我们展示了新时代保险一种可能的形态，探索了互联网技术、社交网络与保险业深度整合的可能性。事实上 Friendsurance 带来的启发远不止 P2P 保险，公司本身的运营战略与技术运用也值得我们深入思考。

Teambrella——基于比特币的 P2P 保险

李文秀　刘　淇

保险科技催生了一大批保险创企，其中就包括 Teambrella——第一家基于比特币的去中心化 P2P 保险企业。2015 年，Teambrella 成立于俄罗斯，借助比特币技术，Teambrella 的企业宗旨是使保险变得公正透明；2017 年 6 月 5 日，Teambrella2 称获得了中国盛大集团的种子轮融资 83.9 万美元。

与其将 Teambrella 称为“保险公司”，倒不如称为“保险组织者”。因为在 Teambrella，用户可以自主组建小组、吸纳成员，为成员之间可能面临的风险提供保障，每个人既是被保险人，也是保险人；在整个过程中，Teambrella 不出保单、不管理用户资金、不处理索赔，用户拥有极大的自主权，核保、定价、设立和更改条款及理赔等流程均可以由小组成员在开源客户端上投票完成。Teambrella 本身并非是去中介化的，但每个用户都有一个专属的比特币地址和比特币账户，比特币的多重签名地址允许用户以去中介化方式管理资金，但是动用资金需要得到其他部分成员的同意。借助开源客户端和比特币技术，Teambrella 希望充分发挥互联网去中介化的作用，消除保险人和被保险人之间的利益冲突，使保险变得高效、公正和透明。

一、互保小组

互保小组是一个用户自治的小社区，成员对社区的各种活动进行集体管控，比如设置保险规则、决定新成员的加入、评估索赔和准许赔偿及支付赔偿等。Teambrella 允许用户以各种依据成立小组，并根据标的同质性原则划分小组，比如房屋保险、健康保险及财产意外保险等；也可以根据社交或工作构建小组，比如魔兽争霸的玩家或麦当劳的工人及其家庭成员等。在Teambrella，任何人都可以创建一个互保小组并定义它的初始规则，一旦加入小组的伙伴达到最低要求（默认为两个），并启动其独立的比特币钱包，保险就会启动。

二、投票机制

当有新人申请加入小组时，其需要将自己的相关信息提交给小组成员审核。以汽车保险为例，申请人可能需要提交关于汽车使用情况的说明和照片、司机的信息及以前的违章事故等。收到申请后，小组成员将会投票决定其风险系数以及是否可以入组。不同的风险系数对应不同的保费，风险系数越小，缴纳的保费越少，在其他成员出险时所承担的赔偿越少。此外，每一个新加入的组员都必须和互保小组依据保险标的可能遭受的最大损失商定保险价值，并以此确定保险金。对于一些特定种类的保险（如健康险）来说，保险价值对于组员都是一样的，而保险价值就是所有互保成员对单一组员的最高赔偿。Teambrella 提供计算工具帮助计算小组成员的风险系数，用以决定成员的保费情况。

承保范围和保额由小组成员投票决定，值得注意的是，车辆责任险不可承保。这是因为车辆责任险涉及法律问题，发生道路交通事故后，需要交警根据法律和保单条款进行责任判定，没有实体保单的 P2P 保险并不适用于这类场景。

出险时，理赔比例同样由小组成员投票完成。在成员投票完成后，系统会选取投票结果的中位数作为最终结果。例如，甲认为乙应该获得 80% 的理赔，于是投票 80%，然而乙目前的理赔比例只有 60%。即使甲将投票改为 100%，也无法改变乙最终获得的理赔比例。采用中位数作为最终投票结果，是为了防止单个成员恶意影响他人的理赔。

投票是 Teambrella 的核心机制之一，投票人不仅影响他人的赔偿承担额，也会影响其在成员中的声誉。由于损益共担，如果投得太高，这意味着增加了其他成员的责任；如果投得太低，这意味着其出资额减少，也会影响其他成员对其的评价。另外，理赔额影响用户的话语权。如果用户承担对他人的赔偿越多,在投票过程中将拥有更大的投票权。Teambrella希望通过这种机制，让每个成员都能审慎行使权利。当然小组成员也可以授权代理人进行投票，代理人可由此获得收入。代理人所做的工作和核保人员及保险公司代表的工作相类似，他们有动力去取得相应的保险资质（如许可证、评估软件等）。当然，很大一部分代理人本身就是保险专业人士或者对新兴保险感兴趣的公司雇员。

三、理赔机制

每一个互保小组成员既提供保险服务，又享受保险服务。既然小组成员为彼此的理赔承担责任，那么如何分配各个成员的责任呢？这就涉及组员之间的风险相关系数，以成员 A 出险为例，其余成员对 A 的赔偿金额取决于每个成员自身的风险系数以及其对 A 所承担的保额。Teambrella 给出计算公式：P2PCoverage（A,B）×RiskA=P2PCoverage（B,A）×RiskB，其中 P2PCoverage（A,B）表示 A 出险时 B 对 A 承担的赔偿金额，即 B 为 A 分担的保险金额。从等式中可以看出，若 A 的风险系数高于 B，P2PCoverage（A,B）就小于 P2PCoverage（B,A），也就意味着 B 对 A 的赔偿金额小于 A 对 B 的赔偿金额，风险系数越高，所承担的赔偿越多。

理赔责任分摊的计算与以下四个因素有关：一是组员独立账户中的比特币数量，每位组员所承担的负债不会高过其独立账户中的比特币数量；二是预先设置的保费支付限制，既然不能够准确预测确切的保费支出，那么就只能通过设定保费支付上限和赔偿上限控制赔偿额度；三是成员相互之间的保额；四是如果成员的理赔分担总额已经使保险金额等于保险价值，那么理赔分担金额不可再增加。

四、资金安全管理

小组成员在个人比特币账户储存资金，形成共同的资金池；只有在出险时，系统才会从成员的个人账户中扣除保费（即个人理赔出资额）。不同规模的小组，成员需要缴纳的保费数额不等，小组规模越大，成员需要存入个人账户的金额越少，即出险时扣除的保费越少。在 Teambrella，每个人都有一个独一无二的比特币地址，系统会为成员随机分配联合签字人，只有 3/8 的联合签字人同意时，其才能够动用资金。

但是，由于联合签字人在分配之后就不会更改，这容易催生利益小团体，滋生恶意撤资、恶意骗赔等问题。针对这一点，Teambrella 指出，如果察觉存在这类现象，将会标记这些用户并鼓励其他成员冻结其资金。但是能否做到事前预防、如何识别这个现象，Teambrella 尚未找到合适的答案，只是建议用户谨慎加入没有熟人的小组。

五、盈利方式

目前，Teambrella 还处于测试阶段，公司并不收取任何手续费。测试阶段结束后，Teambrella 将与用户签署交易费用协议。每次理赔时，客户端随机分配一部分人支付保险金，另一部分人支付交易费用。也就是说，每次理赔将会有不同的用户为小组承担交易费用；那么假如部分用户中途退出小组，如何重新分配保险金和交易费用的支付对象，是否会产生不公平支付，对此 Teambrella 尚未透露任何信息。

Teambrella 借助开源客户端和比特币技术，其实是意图构建一个互相信任的 P2P 保险社区，住户们民主投票，共同决定招收新成员、设立各项条款和规章，为彼此之间的风险提供保障。但是，用户是否拥有足够的专业知识和技能判断风险因素、核保及理赔，这是十分值得商榷的问题；即使能够达到知识技能上的要求，这种自主化、民主化的方式也会极大增加用户的负担，花费大量时间和精力。

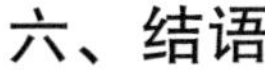

六、结语

Teambrella 提出了一个 P2P 保险方案，用户可以创建或加入互保小组，每位小组成员都是同伴，每个同伴既是保险服务的提供者又是消费者，保费实际上都作为索赔的一部分。成员通过投票集体管理团队的所有职能，而代理制度又高效地发挥了投票功能的公平和专业。保费付款和保险赔偿通过比特币支付，Teambrella 通过独立的比特币钱包，可以防止成员不支付保费，且独立钱包更加安全，即使是服务器受到威胁，也可以从其中转移。

回看中国当前的水滴互助、抗癌公社等游走于保险监管之外的组织，Teambrella 显然更为超前，它专注于提供一个平台及解决方案，后续的一切保险流程均由互保小组组内决定。互联网保险真正困难的步骤是销售保险与出险定损，至少在 Teambrella，这些不再是困难的。同时，当下众多保险科技致力于解决的核保问题，在这里也是由组内投票解决。难以想象，如果这种相互保险小组如雨后春笋般成立，传统保险公司将受到怎么样的冲击，保险标的不再由保险公司构建，而是任何大家想保的东西。这已经不是传统意义上的保险了，而是全民在创立保险公司。

不过，Teambrella 也同样存在利益小团体骗保风险、恶意撤资风险、支付不公风险和投票人专业知识不足等问题，笔者认为，Teambrella 更适合专业保险中介人使用，实际上 Teambrella 也的确支持用户委托代理人行使权利。但这就增加了用户与代理人的磋商成本，如何恰当地选取代理人，这又是绕不开的难题；更何况，委托代理人实际上违背了 Teambrella 成立的初衷——去中介化，让被保险人之间面对面。未来 Teambrella 能否解决这些问题，能否获得更好的发展，我们拭目以待。

公益性保险公司：美国 Lemonade 模式

方　玺

波士顿咨询公司（BCG）在2016年发布的《中国保险业消费者洞察》中指出，消费者在购买保险时，信任度和简单性是决定是否购买某个保险产品最重要的两个因素。同时，在该项调查中也发现，消费者对保险公司产生不满主要有理赔慢和产品缺乏透明度两个原因。再把视线转向美国，作为美国经济中最不被信任的行业之一，保险业在客户满意度调查中往往处于较低的水平。很多人认为，保险公司以盈利为目的，保费定价和理赔都以公司利益为出发点，比如保险公司尽量拒赔，或者增加保费，而且有的保险公司服务态度差、理赔效率低，客户就更不愿意购买保险。面对这个问题，美国纽约的保险科技公司 Lemonade 决定运用人工智能等技术寻求解决之道。

一、公司概述

Lemonade 是一家为租客和屋主提供家财险的保险公司，不同于传统保险公司，Lemonade 创造了一种基于行为经济学和科技的新型保险商业模式。该公司使用人工智能和聊天机器人提供保险单，并在计算机桌面和移动应用上处理用户的索赔，而不使用保险经纪人，从而降低了很多人力成本。此外，Lemonade 的商业模式中还包括社会福利的内容，如果当年索赔金额少于预期，公司会把扣除索赔后的剩余保费捐给客户指定的慈善机构，使得被保险人与保险公司之间的利益冲突趋于最小化，使得整体社会福利最大化。因此从这个角度来说，Lemonade 也是一个公益组织，甚至是“世界唯一的公益性保险公司”。

Lemonade 并不把客户的保费当做已赚保费，而是仍然当作客户自己的钱。在 Lemonade 的保费结构中，Lemonade 只收取固定的 20% 的保费作为平台管理费，剩余的 80%则用于支付理赔和购买再保险，此外该公司每年没有赔付的保费将捐给慈善机构。因此，Lemonade 与传统保险公司的主要区别是，拒绝或拖延索赔是没有任何好处的。其他保险公司主要通过保费来盈利，Lemonade 却只收取固定的费用，这意味着其可以使客户的索赔过程更快、更容易。这种固定、透明的收费方式可以避免与客户发生利益冲突，因此更容易赢得客户的信任。

二、技术

Lemonade 使用人工智能、大数据技术提供保险并处理索赔，用聊天机器人和机器学习的形式取代传统保险中的经纪人和文书工作。当客户申请保险时，该公司的软件会提取有关该房屋各个方面的数据信息，而保单持有人向 Lemonade 的聊天机器人提出索赔时，软件会把理赔要求与这些信息进行交叉核对，并决定是否批准索赔。以上服务基本由移动终端和计算机自动处理，人工客服只有当机器人无法独立处理时才会介入。下面简单介绍 Lemonade 推出的房客家庭财产保险产品。

该产品的投保流程主要分为七个步骤，整体承保流程最快一分钟内即可完成。前四个步骤分别是填写姓名、住址、区分房东或房客以及房屋类型四项基本信息；第五个步骤是询问一系列的问题辅助风险评估，比如房屋是否配备火警和防窃报警器、是否有贷款或者抵押；第六个步骤是通过四个维度（分别是房屋年限、房屋耐用性、距离海岸线的距离和距离消防站距离）综合评估房屋风险，并最终给出报价；第七个步骤是客户可以通过提供个人信息减免保费，比如提供信用评分、房屋改造年限等信息。

该产品理赔过程主要分为六个步骤，第一个步骤是询问案件详情；第二个步骤是确定真实性（在线签名）；第三个步骤是上传事故现场视频；第四个步骤是录入被盗物件或者受损物件；第五个步骤是确认理赔报告；第六个步骤是赔款支付。理赔时机器人会自动处理小额案件，一般用时不超过 8 分钟，大额案件机器人会自动转交给人工处理，比如房屋结构受损、严重灾害（火灾或水灾）等案件。大额案件理赔与传统理赔服务方式类似，人工团队会去事故现场进行查勘定损，然后安排相应的服务商提供现场清理、房屋重新设计及修缮服务。

Lemonade 利用人工智能技术完成了简单保险产品的自助承保和简单案件的自助理赔，获得不错的客户满意度，其简洁明了的手机应用程序获得用户的一致好评。据统计，Lemonade 的聊天机器人可以自动回复客户提出的 90% 的问题，并于 2017 年初打破了最快的理赔纪录，在短短的 3 秒钟内成功批准了一项索赔。

三、行为经济学

在投保和理赔过程中，Lemonade 运用行为经济学解决保险欺诈问题，同时调整利益用来消除不支付索赔的动机。Lemonade 与杜克大学的行为经济学家 Dan Ariely 有着广泛的合作，Dan Ariely 是心理学和行为经济学领域的著名专家，研究的大多是关于人在何种情况下实施欺骗或骗保，Dan 根据自己的研究成果帮助 Lemonade 设计产品和理赔程序。

研究表明，在陈述事实之前（而不是之后）签署诚信公约可以有效减少欺诈，因此在申报损失时，Lemonade 的用户需要先签署一份诚信公约；此外，还需要用户录制一段视频，陈述经过，整个过程尽可能地营造一种和人对话的感觉。这种类似面对面交流的形式相较于填写一堆申报表，更能有效地降低欺诈动机。Lemonade 甚至将行为经济学应用于自身，发布十分透明真实的博客，其中包括客户增长、银行账户余额等数据，显然这些文章提升了 Lemonade 的信誉和口碑，获得客户广泛好评。

四、社会福利

过分应用人工智能技术可能会产生一些负面效应，尤其将人工智能应用于理赔流程中时，由于这些技术在识别理赔真实性的能力上还有所欠缺，所以就可能发生骗保行为，但就目前来看，Lemonade 还没有遇到这种麻烦。究其原因，是因为 Lemonade 在与投保人签订保险协议时，投保人会指定慈善机构，如果当年的保费收入未用于理赔，Lemonade 会捐赠给该慈善机构，如果投保人试图骗保，那他的捐款金额就会减少，这种行为不会伤害保险公司，却会损害投保人选择的慈善团体或组织的利益。这种做法最大限度地降低了骗保行为发生的频率。

Lemonade 创始人认为传统保险保费虚高的重要原因是，40% 的赔款误赔给了欺诈客户。捐款给慈善机构，实际上是运用了行为经济学中的群组心理，给客户强烈的心理暗示：保险公司和客户的利益是一致的，都是诚恳的“好人”，客户不会虚报保险事故、公司不会拒绝赔付，从而达到减少欺诈和降低赔付率的目的，这不仅降低了客户的保费，也鼓励客户主动降低风险。

五、成本和收益

尽管 Lemonade 运用人工智能和大数据分析技术减少了保险欺诈的发生，降低了赔付率，但该公司向监管机构提交的报表显示，经营数据并不乐观，在 2017 年第一季度这家公司保费亏损达到 258 万美元，净亏损 250 万美元。

不过，报表信息并不能说明全部问题，在推出新的业务和险种时，即使是大的保险公司，前期成本也是难以避免的。保费收入的增长相对于即时支付的理赔费用来说，是非常缓慢的，这也就解释了为什么现阶段 Lemonade 的亏损是正常的。而且 Lemonade 官网上 2017 年 6 月 1 日的数据显示，有效保单数量在 1.4 万份以上，保费收入为 290 万美元左右，赔付率为 20%，相较于 2015 年美国家财险市场的平均赔付率 52.5% 低了 50% 以上；此外，数据还显示，在纽约未曾买过保险的人群中，28% 的人选择在 Lemonade 购买其人生的第一份保单。由此就能理解为什么红杉资本、谷歌及安联集团等多家机构对 Lemonade 的投资总计超过 6000 万美元了。

六、结论

Lemonade 通过手机应用程序为消费者提供家财险服务，整个销售过程都是由其智能聊天机器人负责的，基本没有文本和人工介入，可以为消费者提供全自动的保险购买体验。Lemonade 为降低保险欺诈、减少客户保费支出，采用了人工智能和机器学习技术，实现客户利益最大化。Lemonade 还把剩余保费捐赠给慈善机构，消除保险公司与客户之间的利益冲突，在赢得口碑的同时刺激客户的不断增长。

Lemonade 这种用慈善吸引客户的经营模式在中国可能行不通，但其对于人工智能技术的运用、注重用户体验的服务理念以及高效透明的运作体系必然会对传统保险业造成冲击，这种保险公司与客户之间互信互利的关系值得中国更多的保险公司思考和学习。

敢为“寿险”先：美国 Ladder 的网销模式

陈　林

科技让生活变得更简单——随着当前互联网技术的普及，人们的生活同以往相比有了突飞猛进的变化。如同阿里所创立的淘宝一样，在保险领域，各保险初创公司也在逐步提供类似网上购买保险服务的平台，比如印度的Policybazaar、PoliceX、新加坡的CXA Group和美国的Trōv等。但可以发现的是，这些保险初创公司所涉及的领域大多是财险方面，而寿险却少有人问津。这其中的一个原因是大部分互联网相关产品所服务的对象都是乐意接受新事物的年轻人，而寿险产品基于一个长期性及烦琐性的特点，较少的受到“80后”“90后”的青睐。根据美国保险比价网站InusranceQuotes对其用户的调研数据发现：被采访的对象中有37%的人没有购买任何寿险产品，而这37%的群体中，年轻人的占比尤为之高，其中仅18岁至29岁之间的年轻人就达到65%。基于此点，本文将从美国成功运作的人寿保险初创公司Ladder的视角，来介绍公司创立的缘由、商业模式以及经营效果等。

一、人寿保险科技的领跑者——Ladder

Ladder 公司成立于美国加利福尼亚州，是一家寿险的代理人公司，其通过与传统的寿险公司合作推出相应的寿险产品，主旨是为消费者提供最简单、便捷和廉价的服务。公司最初是由 Jamie Hale、Laura Hale、Jack Dubie 和 Jeff Merkel 四人于 2015 年共同创立的。在 Ladder 诞生之前，Jamie Hale 发现美国的消费者在购买寿险产品时，常常会被复杂而又漫长的流程以及高昂的中介费用所困扰，尤其是对于年轻群体。而事实上，大多数美国居民明白寿险对自身所带来的好处，且也能够负担得起保费费用，出现这种现象的原因主要是基于体验糟糕及价格附加贵的双重因素。Jamie Hale 说："普通的美国居民在购买寿险产品过程中，需要先与保险公司的人预约、面谈，然后再经过漫长的等待，平均下来需要约 7 周时间才能走完一套流程。而在如今这个快节奏的社会，已经很少有年轻人有这么大的耐心接受这样的服务，而我们正是来帮助大家解决这个问题的。"于是，Ladder 便以此为契机成立了，其以 25 岁至 40 岁的美国青年作为目标群体，通过简单的数字化云平台、无中介费化向年轻人传输寿险产品。

二、极速的运营模式带来不一样的消费者体验

Ladder 公司运营的首要目标是快速、简洁的，给消费者带来一种极速、便利的科技体验。进入 Ladder 的官网，购买自己想要的寿险产品仅需要三个步骤：第一个步骤是填写信息，包括姓名、年龄、身高和体重，系统会提供一系列的寿险产品并同时标明相应的价格，以帮助投保人选择自己所能支付的起的保险产品；第二个步骤是选择其中某个想购买的寿险产品，继续花 5 分钟左右的时间回答几个问题，来完成你的线上保险购买申请；第三个步骤是在提交成功后，系统会立刻给予投保人回复，同意或者拒绝投保人的购买请求，而免去线下购买的漫长等待时间。而同样的方式，在手机端上也可以快速的购买保险产品，整个流程下来几乎不到十分钟，充分阐释了 Ladder 的创立初衷——极致的寿险购买体验。

从产品销售角度看，Ladder 丝毫不弱于市面上一家普通的寿险公司。其产品期限为 10 年至 30 年，保障额度在 10 万美元至 800 万美元之间，并可以按照需求灵活的在这个区间选择，而不像传统的终身寿险那样限制众多。此外 Ladder 也配备了线上和移动端两个销售渠道，同时在 Google、Facebook 和 Instagram 等社交媒体上投放广告，纯粹的线上销售免去了开发其他代理人渠道的费用支出，进一步提高了后期的运营利润。

从价格角度看，Ladder 占据了传统保险代理人所不能拥有的竞争优势。美国寿险行业协会调研显示，当前美国有超过 1900 万名消费者存在保险需求但支付不起保费的情况。而 Ladder 在整个过程中无纸化运作，同时免去了冗杂的手续费、服务费等，同样类型的产品在基础价格上就优于传统保险代理人所提供的；而在后期持有上，如果消费者认为每月支出的保费过高，可以在网站或移动端的个人界面上选择降低保障额度。比如，某用户选择降低 30% 的保障额度，那么其所需要支付的保费也会同比例降低 30%。而整个过程全部由系统快速、便捷的自动处理，不需要人工的漫长审核。

三、公益性的价值理念深受大众喜爱

Ladder虽然是一家保险代理人公司，但其致力于改变现实生活中的“繁冗中介”流程，更恰当的形容是对线下保险中介的一种升级，以提升行业效率，同时传递科技给人们带来的便利。从前文的描述中可以看出，Ladder 并没有改变寿险的本来面目，它依旧是为家庭成员的健康而提供的一份远期经济保障，而公司所做的只是简化了其中的流程，使保险产品的价格更亲民，也正是这种带有“公益性”的价值理念，使其出现后就立即受到大众的热捧。

在公司创立初期，Ladder 凭借其新颖的商业模式受到美国富达证券寿险公司（Fidelity Security Life Insurance）的青睐，并建立了合作关系，共同推出寿险产品——LadderLife。在正式上线运作的短短 100 天里，Ladder 在加州卖出的保单总保额就超过 1 亿美元。2016 年 10 月，Ladder 获得五家投资机构共 1400 万美元的 A 轮投资；2017 年 1 月，Ladder 又获得 3000 万美元的 B 轮投资。鉴于美国每个州之间保险代理人牌照不同，Ladder 也在规划用这些资金多申请其他地区的代理拍照，进一步扩大市场规模。

四、总结

科技给人们带来的便利是毋庸置疑的，Ladder 很好地抓住了美国保险代理人行业的社会痛点，并以自己独有的商业模式解决问题；同时，我们也应该留意到，虽然智能系统能以高效、快速及透明的方式帮助人们购买保险，但人工保险代理同其相比也并不是一无是处。比如一位买了 Ladder 寿险的人预感自己未来不久身体状况会不佳，加大了个人页面中的保障额度，以提高补偿。在现实中，对于这种情况，一般是不能更改保障额度或即便能更改也需要通过较严格的身体检查，而 Ladder 在给人们带来便利的同时也为保险公司带来潜在的隐患。在未来，我认为加强对这方面的系统漏洞、法律纠纷等问题的解决力度与给人们带来便捷的体验一样重要。

第四部分　国内保险科技运用案例

第一篇 互联网保险公司

众安保险生态的用户初体验

刘 淇

众安保险上市前，我阅读了它的招股说明书，从财务数据和文字内容来看，我对这家在全国没有任何实体店的保险科技公司并不十分看好，甚至觉得，它所谈的保险生态，任何一家保险公司（比如中国平安）都能搭建起来，为什么大家一定要看好它呢？

近期我曾在浦东机场搭乘金鹏航空去珠海。因为是廉价机票，时间安排得特别不好，去程的起飞时间是 6 时 40 分，如果能准时起飞会提前到达。而回程的起飞时间是 21 时 45 分，这个航班往往因为浦东机场的航空管制而晚点。一旦晚点，就意味着将耽误回程的各种安排。就在这时，我看到经常浏览的旅行雷达公众号上的一则推送，好奇地点了进去。

我按照说明点进小程序，发现购买航班延误险仅需要4元，一旦飞机延误1分钟，则可参与抢最低1000元的红包，延误30分钟以上，则每30分钟赔付5元（包括第一笔）。于是，我为回程的飞机购买了一份众安保险，毕竟购买以后，只要延误1小时以上，大概率能够获利，尤其对于这条航线、这个时间。这时我才发现，我一步一步地进入了众安保险一直强调的保险生态中。

众安保险的延误险相对于其他平台的航班延误险有以下三点明显优势：一是投保灵活，直接绑定微信小程序，起飞前40分钟即可购买；二是门槛较低，对于很多购买廉价机票的人来说，航空意外险都不会购买，更别说是订票平台提供的航班延误险了，比如携程提供的航班延误险，价格为20元，且要延迟4小时起赔200元；三是娱乐属性，据众安保险统计，购买众安保险的航班延误险的群体主要为“80后”商务男性，上海、深圳的旅客购买量居榜首，人均约1.5次，而我购买保险，一个是基于航班延误的历史，另一个是对新产品的好奇心态。目前这个产品的赔付率较低，如果后期能在娱乐性上做些优化，相信会有很大市场。

发现自己被套路以后，我又打开了众安保险的小程序，了解了其他相关险种。就国内旅行险来看，众安保险的5日国内旅行险售价20元，我在中国平安官网查看了保额相同的产品，报价25.5元，且承保范围略少于众安保险。

同样，就医疗住院险而言，在保额相等的情况下，众安保险相较于中国平安在价格上更有优势。从表 4-1 可以看出，同样的保险条件下，众安 e 生保的价格为 112 元，平安 e 生保的价格为 174~1438 元，55 岁至 60 岁的保险人群支付保费高达 1438 元，众安 e 生保在价格上有极大优势。

表 4–1　众安 e 生保与平安 e 生保 2017 对比

项目	众安 e 生保	平安 e 生保 2017
医疗保险金（万元）	100	100
恶性肿瘤养老保险金（万元）	100	100
免赔额（万元）	1	1
给付比例（%）	100	100
保障期限（年）	1	1
适用人群	30 天至 60 周岁	0 岁至 60 岁

续表

项目	众安 e 生保	平安 e 生保 2017
是否有社保	有	有
产品价格（元）	112	根据年龄确定

资料来源：众安保险微信小程序和中国平安官网。

总体来看，众安保险在保险生态方面相较于传统保险而言，价格优势较为明显，航班延误险、骑行险及电信诈骗资金损失险等产品在设计上更具吸引力。同时，众安保险确实在其招股说明书中介绍了如何对保险生态进行构建，通过互联网平台、微信公众号及微信小程序的宣传，尤其是微信公众平台的定向投放，将不同产品渗透到不同需求的人群，这样很轻易地做到把保险放进人们的口袋里。就生活场景中的保险接入而言，众安保险不仅用各种推广渠道打开了市场，还用价格优势锁定目标用户。相较于传统保险公司，众安保险的完全线上模式节约了很大一部分成本，这也是其定价低的原因之一。众安保险在保险生态方面的构想是美好的，在推广方式和产品设计方面具有很强的新颖性，但真正能够让竞争对手难以模仿的还是其最核心的保险科技元素，即将保险科技和保险产品的结合。

众安保险值千亿吗

刘 淇

众安在线财产保险股份有限公司（以下简称众安保险），是国内首家互联网保险公司，是由蚂蚁金服、腾讯及中国平安等国内知名企业发起设立的，其理念在于保障和促进整个互联网保险生态发展，公司于 2013 年 9 月 29 日获保监会批复开业。众安保险独特之处在于其完全线上运营的模式，全国无任何线下分支机构，完全通过互联网进行承保和理赔服务，堪称“中国互联网保险第一股”。

据披露，众安保险于 2017 年 9 月 18 日在香港路演，其本次 IPO 全球发售共计 1.99 亿股股份，国际配售股份占 95%，香港公开发售股份占 5%。其发行价介于 53.70 港元 / 股至 59.70 港元 / 股之间，由此推算众安保险此次 IPO 预计将募集约 109.48 亿港元。

此前瑞银的一份报告预计众安保险的估值达 727 亿港元至 1012 亿港元，而汤森路透旗下的 IFR 数据推测，众安保险本次 IPO 集资额或将高达 15 亿美元。此外，财新消息称，软银集团董事长兼 CEO 孙正义斥资约 5 亿美元参与众安保险 IPO，一时间引发舆论广泛关注。

众安保险的估值为何如此之高？保险科技公司的概念是否足以支撑它的估值直到成长性体现？通过访问众安保险的官方网站，阅读众安保险的年报，笔者将从以下三个方面对众安保险进行梳理。

第一，众安保险中的保险科技成分。根据《中国保险科技发展白皮书（2017）》，保险科技（InsurTech）泛指围绕着保险业所涉及的相关新技术和现代科技。保险科技广泛用于保险产品创新、保险营销和保险公司内部管理等诸多方面。短期表现为'互联网+'基础上的产品、营运和管理等相关创新；中长期保险科技将更多是新科技在保险业的运用以及对保险业态的优化改良或颠覆。

众安保险的着重点则在保险生态，希望通过保险场景的设定，开发以生态系统为导向的创新型保险产品及解决方案。目前众安保险着重发力于生活消费生态系统、消费金融生态系统、健康生态系统、车险生态系统和航旅生态系统。其中，生活消费领域与淘宝和微店进行合作，就产品质量、交付、物流及安全性提供保险产品，与小米等电子厂商合作提供产品意外损坏及维修保险；在消费金融领域与融资提供方（银行、信托）合作；在健康生态系统领域与医院、医疗器械制造商等合作，提供个人医疗保险产品和团体保险产品。从以上内容我们不难看出，众安保险所强调的保险科技，最大的不同是专注于提供保险渠道的构建，努力做好公司与各个生态系统间的联系，通过各生态系统把保险产品输出给客户，使客户在其日常生活的消费情景中无缝购买众安保险的保险产品及解决方案。目前众安保险是全国唯一一家无任何实体店，完全通过应用程序、网站、微信公众号销售保险的互联网保险公司。

另外，众安保险与传统保险公司的区别目前还不仅仅体现在保险销售模式的不同。未来众安保险希望能够在云平台上运行保险系统，在保险的各环节运用先进技术，比如人工智能、区块链及大数据分析等。而且，众安保险已经成立了众安科技这个专注于金融科技解决方案的研究与开发的全资子公司。综合来看，目前众安保险真正的保险科技成分仍然存在很大的不确定性。

第二，众安保险的竞争力分析。正如众安保险招股说明书中所述："我们过往总收入的绝大部分是通过与股东及其关联方合作取得的，而从合作中获得的协同价值和交叉销售效应于日后可能减少，且部分股东可能提供竞争产品。"从表 4-2 可以看出，在 2014 年，众安保险对淘宝、微店等线上平台的依赖极为严重，其保费收入有约 92% 来自于生活消费。众安保险意识到自己的依赖程度越高，议价能力越弱，在 2015 年、2016 年积极拓展了其他几大生态，提高了航旅、消费金融及健康等生态的保费，使得生活消费来源的保费收入占比下降。值得注意的是，作为保费大头的车险金额非常少，这是因为众安的车险获批较晚，其发力是在 2017 年。

表 4–2　众安保险 2014~2016 年保费收入构成

按生态系统割分	截至 12 月 31 日					
	2014 年		2015 年		2016 年	
	人民币	%	人民币	%	人民币	%
	（以千元列示，百分比除外）					
生活消费	732299	92.2	1596203	69.9	1620363	47.6
消费金融	9275	1.2	303221	13.3	318079	9.3
健康	11	0.0	19225	0.9	235927	6.9
车险	—	—	511	0.0	3724	0.1
航旅	44271	5.6	322099	14.1	1081643	31.7
其他	8241	1.0	41783	1.8	148312	4.4
统计	794097	100.0	2283042	100.0	3408048	100.0

众安科技的业务模式较为容易被其他互联网公司、意欲从事保险科技业务的传统保险公司以及其他金融机构迅速模仿，但是，众安科技的核心竞争力应该是保险科技，而非互联网销售，模仿互联网销售模式固然简单快速，但保险科技中的大数据、区块链及人工智能等是很难被快速模仿的。正因为如此，众安保险 1574 名雇员中，有 57% 是技术人员，与其说它是一家保险公司，不如说其是一家科技公司，一家希望从保险切入数据和科技领域的金融科技公司。

众安科技目前已经开始提供数据平台、区块链、X 系列数据智能、S 系列保险加速等服务，除了为众安保险提供技术支持外，还向其他需求相关科技类的公司提供技术解决方案。如果众安保险可以成功，将使众安的科技模式复制成为不可能。同时，众安保险还依托其保险生态平台制作了开放的推广平台，使得企业轻松接入众安的保险购买系统，用户通过相关平台购买保险后，企业即可获得推广费。综合来看，众安的竞争力体现在其保险背后的大数据及新科技的支撑，其线上营销保险的模式并不新颖，且容易被模仿。未来如果众安能把现在国内概念成分较多的保险科技变为现实，则其作为保险科技公司的真正护城河将形成。

第三，众安科技的估值多少算合理？我们不妨先看看传统保险公司的估值。从图 4-1 可以看出，估值最高的友邦保险 P/EV 仅为 2.23 倍，而公认的“龙头”——中国平安 P/EV 也仅为 1.5 倍，也即价格为内含价值的 1.5 倍。

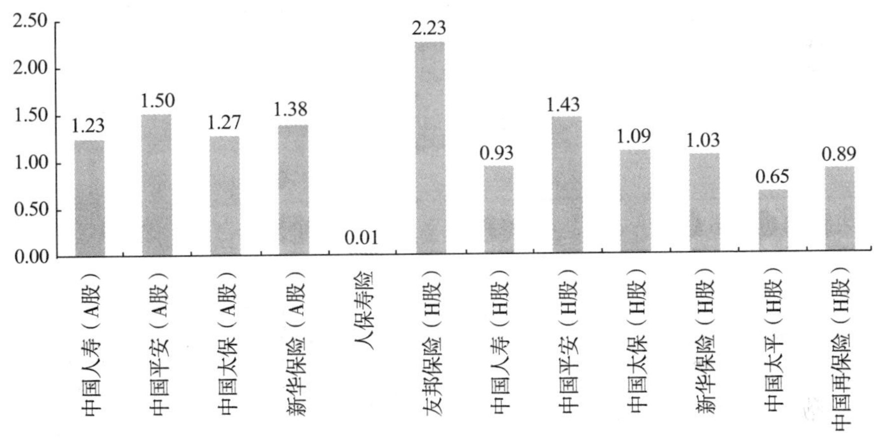

资料来源：公司 2016 年年报，Wind，海通证券研究所。

图 4-1 A 股和港股寿险静态 PEV 比较（2017 年 7 月 26 日）

众安保险还很年轻，用 P ／ EV 方法（价格和内含价值比）衡量显然是不现实的，因此，以公司“净利润 ×PE= 总市值”进行衡量。公司 2014 年保费收入 7.9 亿元，税后净利润约 0.37 亿元，2015 年保费收入 22.83 亿元，税后净利润约 0.44 亿元，2016 年保费收入 34.08 亿元，净利润约 0.09 亿元。相较于传统的保险公司，众安保险这类保险科技公司具有轻资产、高技术价值的特性，因此在估值的时候用市净率来衡量不太准确。可以看出，众安保险在 2014~2016 年保费收入上涨的势头很强劲，但众安保险毕竟仍处于初创期，在渠道拓展和生态构建方面产生巨额费用也属正常。咨询机构——

Oliver Wyman 的报告称，中国保险科技市场主要细分为网上销售、技术驱动的产品升级以及生态系统导向的产品创新三部分。中国保险科技市场 2016 年总保费收入为 3630 亿元，预计于 2021 年将达到 14130 亿元，复合年增长率为 62%。众安保险如果能够保持行业的增长率，则应予以 62 倍的 PE（市盈率）才能使得 PEG（市盈率相对盈利增长比率）为 1。从表 4-3 可以看出，咨询费及服务费的大幅增加是净利润下降的最大原因。如果未来咨询费和服务费增速能够相对放缓，在 2017 年净利润达到 1 亿元，2018 年达到 1.6 亿元，则 2017 年、2018 年的市值分别为 62 亿元，99.2 亿元。

表 4-3　众安保险 2014~2016 年支出构成

	截至 12 月 31 日		
	2014 年	2015 年	2016 年
	（人民币千元）		
咨询费及服务费	94462	590629	1092868
税项及附加费	44866	128993	63686
雇员福利开支	42021	185676	302547
租赁费	11461	24687	53542
物业、厂房及设备折旧	3366	5179	7952
无形资产报销	871	3302	17425
核数师薪酬	454	570	1948
其他	38693	90728	217132
	236194	1029764	1757100

综合看来，即使众安保险能够按照保险科技市场的平均增速增长，其估值也不应该高于 100 亿元。而此次众安保险的 IPO，不少机构看高至 500 亿元甚至 1000 亿元，不得不说很大一部分原因是因其有强大的股东。如果众安保险不能尽快将其科技变现于保险或者服务输出，更多与它类似的公司将挤占其构建的生态营销市场。

互联网保险经济平台个性化服务创新：关注独角兽“大特保”

李文秀

大特保公司成立于2014年7月，是国内首个拥有全国保险经纪牌照的互联网保险平台。该公司提供健康服务和保险保障，通过主动干预被保险人的行为，参与疾病早期预防，从源头降低用户患病风险并控制费用支出。本文将主要介绍大特保公司提供的人身健康险存在哪些亮眼之处。作为一家创新型保险经纪公司，大特保有以下几个特点。

一、险种精细化

目前，大特保平台与二十多家保险公司合作提供的达52种保险，其中不乏各类专门的疾病险，包括糖尿病、呼吸系统疾病、男性疾病及老年人三高癌症等常见疾病。

在传统的保险产品中，糖尿病、乳腺癌、白血病等重疾虽然可保，但往往与其他疾病共享一份重疾险保单，保险费比专门的疾病险保单要高，并且也无法做到有针对性的健康管理。大特保关注到罹患癌症的人群日益增多、癌症风险程度日益提高，开发了专门的疾病保单。这对投保人而言，缴纳的保险费减少，并能获得针对不同疾病的健康管理；对保险人而言，同质风险人群的划分更为合理，测算的损失概率更加精确。

除了传统保险产品可保的疾病之外，大特保还为某些传统不可保疾病提供保险保障，例如呼吸系统疾病、男性疾病及老年人三高癌症等。2015 年，中国城市居民主要疾病死亡率及死因构成表显示，平均 10 万人中，有 73.36 人因呼吸系统疾病致死，占当年死亡率的 11.8%，位居第四[①]。可以说，呼吸系统重疾险拥有庞大的目标人群，大特保平台推出这款产品顺应了市场的需求和大众的需要；事实上，这两款产品也的确位居大特保健康险销量第一。值得注意的是，严重哮喘病人也可以投保大特保呼吸系统重疾险，这在同类产品中还是先例。

二、保险服务化

大特保推出的护胸险，可免费为被保险人提供乳腺癌基因检测服务，并提出相应的建议。整个检测过程中，保险人寄出信笺，被保险人只需蘸取一小块口腔黏膜，装入信笺寄回即可，7个工作日内被保险人可以登录官网查询检测结果。对被保险人而言，基因检测技术能帮助其更好地了解身体状况；对保险人而言，这项服务可以提供真实可靠的数据。

除了护胸险提供基因检测服务外，“退糖鼓”与专业糖尿病管理平台联合，为糖尿病患者提供健康建议；老年人三高癌症险提供免费体检服务；百万恶性肿瘤险提供海外诊疗服务，包括签证办理、病历翻译、海外医师医院预约等各项服务。

除了基因检测技术之外，大特保还在微信公众号上推出人工智能机器人顾问“小狮子”，通过与用户互动，“小狮子”可以推荐最适合用户的保险产品。传统人工客服可能存在互动频次不足、问答方式单一及专业知识不够等问题，而人工智能团队合力开发的“小狮子”将数据、算法和应用结合起来，不仅活泼、亲切，还提供 24 小时的专业服务。“小狮子”结合数据、算法和应用，掌握动态的地域数据，包括用户当地的健康数据、高发疾病风险数据、社保数据及理赔数据等，能够为保险公司和用户提供数据参考。例如，如果当地

① 资料来源：中国产业信息网。

呼吸系统疾病高发，“小狮子”将优先推荐承保该类疾病的险种；如果用户想接受人工服务，只需输入关键词便可以实现人工、人工智能及“人工 + 人工智能”不同服务模式的自由转换。

三、小结

互联网保险产品的关键是场景化、碎片化，能够做到准确匹配用户的需求。保险产品越细化，保险人就越能为用户提供有针对性的服务。而产品贴合大众需求、保障大众生活，才是大特保的经营理念“普惠大众，回归本源”的意义所在，也是保险的本质所在。

第二篇　互联网企业布局保险业

中国互联网企业的保险圈布局

许　闲　陈昱薇

互联网保险在我国历史并不悠久。中国互联网保险兴起于2011年，2012年至2015年迎来爆发式发展。目前互联网保险商业模式主要分为以下几类：一是传统保险公司通过官网线上销售的模式；二是传统保险公司与互联网企业开展合作，以淘宝的退货运费险为例，利用互联网公司平台进行销售；三是专业互联网保险公司模式，例如第一家互联网保险公司——众安保险，以及泰康在线等；四是互联网公司直接或间接申请保险牌照开展保险业务。本文主要聚焦我国保险业中的互联网公司，梳理互联网公司在我国保险业的业务发展现状，分析互联网公司布局保险业的特征与影响。

一、互联网巨头"涉保"步伐概览

《2017中国互联网保险行业发展报告》中提到，"BAT等互联网巨头初涉保险布局"已经成为中国保险科技创新的四种兴起模式之首。过去几年，BAT等纷纷尝试结合自身的用户流量数据优势，通过与保险公司合作为销售端口、参与设立保险公司等方式参与保险布局。

（一）阿里：布局最深，野心勃勃

蚂蚁金服作为阿里布局整个互联网金融的“航空母舰”，其内部设立了专门的保险事业部，其对保险业的改变以及在保险市场上分一杯羹来说，可谓“野心勃勃”。2017年的9月，蚂蚁金服旗下的杭州保进保险代理有限公司获得保监会许可，经营保险代理业务，走在了“老对手”腾讯和百度的前面。

看阿里布局保险业的时间轴，2013 年，众安保险拿下国内首张互联网保险牌照，在保险科技领域抢占先机；2015 年 6 月，蚂蚁金服和天弘基金发起设立信美相互人寿，主打长期养老保险和健康险业务，同年 9 月，蚂蚁金服成为国泰财产保险有限责任公司的大股东；2015 年 8 月，阿里健康与太保安联开始战略合作，针对互联网的场景开放新产品；2017 年以来，蚂蚁金服宣布进军保险领域路线图，陆续发布车险分、定损宝等产品；2017 年 7 月，蚂蚁金服全资控股的杭州保进保险代理有限公司获批经营保险代理业务，自此，蚂蚁金服（间接）拥有了互联网保险牌照、相互保险牌照以及保险代理牌照。

（二）腾讯：从流量端口切入保险市场

2017 年 11 月，腾讯正式在其微信钱包服务的九宫格中推出“微保”。微保旨在通过腾讯近 9 亿用户的巨大流量端口，将保险的潜在用户和场景连接。虽然晚于蚂蚁金服的布局，但腾讯期望通过场景化和流量端口相结合奋起追赶。

腾讯在保险业布局在很早之前就开始了，2012 年，腾讯财付通与中民保险网共同推出“保险超市”，这早于众安保险的成立；2015 年，腾讯网有了保险产品销售专区；2015 年 7 月，和泰人寿获得筹建批复，腾讯的全资子公司北京英克必成科技有限公司与中信国安成为并列的最大单一股东；2017 年，腾讯控股的微民保险代理有限公司获批经营保险代理业务。

（三）百度：期待弯道超车

“百度早已经在 BAT 的竞争中落入下风”的论调早已不再新鲜，相较于阿里与腾讯，百度对于互联网金融的布局起步确实稍晚，但是依靠自己的流量优势，百度走了一条不同于阿里与腾讯的路径，即百度更倾向于合资成立或控股保险机构而非全资成立，依靠后者积累的经验，快速切入市场，期待实现“弯道超车”。

2015 年，百度与安联保险、高瓴资本共同发起成立百安保险公司，拟经营旅行险、健康险和互联网金融险等业务，但至今未获得批复；2016 年 6 月，百度子公司——百度鹏寰与太平洋保险控股子公司——太保产险拟共同发起设立一家股份制财产保险公司，但也尚未得到批复；经过前两次“涉保”碰壁，2017 年 10 月，其子公司——百度鹏寰资产管理（北京）有限公司对黑龙江联保龙江保险经纪有限责任公司完全控股，后者为百度带来首张保险经纪牌照。

（四）京东：姗姗来迟的搅局者

京东在 2013 年初涉保险，1 月与多家保险公司展开战略合作；2015 年，保险作为第六大业务板块并入京东金融体系；2017 年，京东展示了进军保险业的野心，宣布正在申请保险牌照或会通过战略投资进军保险。刘强东还强调，京东不会发展任何机构和保险公司，遍布全国的 12 万名快递员就是京东最大的财富，而快递员未来很可能同时承担保险的客户服务或现场查勘的职责。

（五）其他互联网巨头：跃跃欲试，虎视眈眈

除了以上四家互联网巨头外，其他的互联网公司对于保险市场同样是虎视眈眈，做着不同的尝试和努力。例如，2013年10月众安在线财产保险股份有限公司成立时，携程作为股东参股；苏宁易购2012年设保险频道，联合中国平安、中国太平洋及泰康人寿等上线了多款保险产品，并有意向设立自己的寿险公司和财险公司；网易也建立了网易保险平台，于2011年12月正式上线。除上述几家外，小米、国美及唯品会等一众门户、旅游和电商类平台均跃跃欲试，结合自身的生态特征涉足保险业。互联网正和保险衍生出更多新的故事。

至此，可以对“BATJ”为代表的互联网巨头竞逐保险业的布局做一个概览，见表 4-4。

表 4–4　四大互联网公司保险业务布局概览

公司名称	保险业务布局概览
阿里	众安保险、国泰财险、信美相互人寿、杭州保进保险代理有限公司
腾讯	众安保险、和泰人寿、香港英华杰、微民保险代理
百度	百安保险、黑龙江联保龙江保险经纪
京东	京东保险

二、互联网公司“涉保”的优劣势分析

在互联网元素遍布人们生活的方方面面的大环境下，互联网公司深入了解客户的网上行为，发掘客户需求，利用庞大数据库、技术及推广等优势，逐渐布局保险业，形成线上和线下资源的有机结合。互联网公司在保险业的布局上，其优劣势相较于传统保险公司主要体现在场景化营销、客户画像构建及客户触点延伸三个方面。

（一）场景化营销

互联网公司在与客户接触的不同流程中都能挖掘和开发海量的、大概率引发客户保险需求的场景。场景化营销有直接需求触达和间接需求触达两种方式。对于直接需求触达，最典型的例如在淘宝付款时选择的退货运费险、订单险；对于间接需求触达，就需要利用互联网企业的大数据资源，挖掘某个场景与客户对某种保险需求的正相关性，例如在淘宝购买或搜索保健用品的客户会被推送健康险产品。

在互联网背景下，场景化营销的成本降低，一方面，某种场景的发生可以通过客户在网络上的特定操作行为自动触发，无须人工刻意制造适于营销的场景；另一方面，高效、智能地抓取符合营销场景条件的客户，将保险产品精准、高效地进行推广。

（二）客户画像

由于已有广泛的业务布局，手握相应的客户资源，互联网公司获取的客户数据比保险公司更全面、更真实。保险公司收集客户信息往往通过直接填写关键信息，几乎不能获得客户其他方面与保单无直接关联的信息；互联网公司收集客户数据的渠道来源于客户使用互联网企业产品的网上行为，进而挖掘客户的潜在保险需求。在大数据背景下，对于每个客户，保险公司通过某个产品和保单信息形成客户画像，但其不能探查到与该产品关联度较小的保险需求和潜在风险因子，比如车险的被保险人可能有孩子，对于孩子的医疗、未来花费存在较大保险需求，但对于保险公司来说，该被保险人在购买车险的场景下，其填写的信息中很难追寻到其对于家庭健康保障的重视以及其由于职业、性格及财富状况而显现出的在健康和财产方面的风险规避倾向和风险暴露程度。

对于互联网公司，比如阿里，有充分的用户消费、购物、理财及出行等数据，这些贯穿于人们生活方方面面的信息是有非常大的利用空间的，比如对于绿色出行较多的用户而言，如果其购物时展现出对运动用品、保健品等有偏好，其身体素质可能相对较高且关注自身健康，那么这一类人群的客户画像结果通常是健康险的目标客户。而财富方面的信息，结合购物习惯，有助于互联网公司推送不同保额的产品，比如对于财富值较低、购物以实用便宜为主的客户，推送小额医疗保险和短期意外险，对于在携程、飞猪等APP上有较多机票订购和远程出行记录的用户，精准推送航次或全年的出行安全险。

那么客户画像应该是什么样的？从本质上来讲，它可以智能整合客户在互联网行为中反映的多维度个人信息，对每一位客户建立一个个人数据库，将个人信息解码为客户的风险因素和保险需求的图纸。从意义来讲，它有助于“一个客户，多个产品”的实现，在有丰富保险产品超市的实力背景下，向客户做到面面俱到的精准营销，最大限度地开发和捕捉用户在生活各方面的保险需求。从实现方式上来看，客户画像的实现非常依赖数据资源和分析

能力。

（三）客户触点

对于互联网公司和互联网保险公司来说，客户触点少也许是相较于传统保险公司唯一的劣势，互联网企业与客户缺少直接接触，从销售到核保，到运营，再到理赔，几乎不存在公司人员与客户接触的情况，一切流程都是在线上直接完成。这导致的劣势是：从销售方面来看，主动获客能力较弱，除非用户在客户端主动点开保险产品的链接，而不能像代理人和直销人员那样主动寻找客户；从核保方面来看，由于缺少与客户直接接触，仅能通过线上获取被保险人的信息，而要保证这些信息的准确性确实是一种挑战，尤其是对客户画像来说，信息的准确性越高对客户画像越有帮助。但这些信息不属于客户保单的核心信息资料，很可能是客户出于不信任、害怕资料泄露等原因而提供的非真实信息，这对核保和风险判断造成一定的困难；从运营方面来看，保单的增值服务难以在线下实施，例如现有传统车险往往有保修、道路救援等增值服务，健康险可能有身体检查、健康科普等增值服务，互联网公司和互联网保险公司从资产和费用分配的角度，难以在运营上达到与传统保险公司相近的水平，而加大线下投入，又削弱了互联网公司在线下可以极大缩减成本空间的优势；从理赔端来看，客户在与保险产品经理或代理人接触时会表现得更加诚实，如果仅通过线上方式索赔或理赔，一方面增大了查勘的难度，另一方面增加了客户的自主性，客户体验满意度有所下降。

互联网公司相对于互联网保险公司有更多优势，它在各种可以提供增值服务的平台和保险产品之间发挥重要的桥梁作用，比如支付宝里有“健康保障”的插件，通过健康豆的累积，可换取饮酒基因检测，这种服务一方面对于其用户来说是有趣的福利；另一方面，这个基因检测也引发人们对于自己身体健康的关注，起到挖掘客户需求的作用。互联网公司利用以上优势，创造与保险相关的客户触点。而每一次客户触点都意味着续保率的降低和客户画像的进一步完善。

三、互联网公司“涉保”对保险业的影响

（一）对保险公司的影响

对于保险公司来说，首要的问题是搞清楚，涉入这个行业的互联网巨头到底是朋友，还是敌人？

一方面，目前互联网巨头与各大保险公司暂时是合作大于竞争的态势，但是这个局面能保持多久让人存疑。面对飞速发展的保险市场，各大中型保险公司，甚至是小型保险公司都保持了很好的盈利能力，而且未来保险市场持续做大的趋势是可以预见的。面对这样一块“大蛋糕”，互联网公司未必甘心仅充当渠道和通道的角色，而且情况确实如此，阿里、百度均已经拥有了自己的控股保险公司或保险中介公司，而其他互联网巨头也正在筹措，未来有互联网背景的保险公司与传统保险公司发生碰撞已经成为必然。

另一方面，随着科技的迅猛发展，大数据、人工智能等技术层出不穷。互联网公司有着天然的技术优势，尤其体现在大数据方面，互联网甚至有着“摧毁”一个行业的能力。这些互联网公司手中紧握着大量消费者的宝贵数据，能够对消费者的消费习惯和生活习惯进行详尽的剖析，对消费者的风险喜好水平以及风险需求有极其精准的判断和预测，这些是传统保险公司难以做到的。而对于有互联网背景的保险公司，借助互联网平台可以直接对消费者推销产品和提供服务，这在对保险代理人制度进行打击的同时，既降低了成本，又可以收集第一手的数据，形成良性循环。而反观传统保险公司，依旧借助于广大的保险代理人的销售模式，不仅成本高昂，保险公司得到的信息也是滞后的。另外，精确定位、精准定价的策略还会压低产品的利润空间，这对保险公司是不利的影响。

所以，正如中国平安抓紧布局平安科技背后所暗示的，未来保险公司的竞争绝对不仅仅存在于传统的保险公司之间，互联网巨头的加入将会使这场战争更加惨烈。

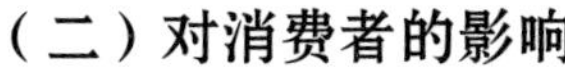

（二）对消费者的影响

互联网巨头的进入，对于保险产品的消费者来说，到底是一件好事还是坏事呢？我们认为虽然有一些弊端，但是总体上对于消费者来说，还是利大于弊的。

一方面，互联网背景下的保险公司相较于传统保险公司来说，有巨大的成本优势，那么这种成本优势最后势必给消费者带来福利，通过相关的高科技手段，消费者的风险可以被精确衡量和精准定价，那么消费者就可以尽可能地以较低的价格换取较优质的服务；另一方面，随着科技的进步，互联网公司可以凭借科技优势展开更好的服务，比如人工智能核保核赔，相较于传统的核赔核保方式，既节省了时间，又提高了效率。

但是，过于发达的科技优势有时候反而会给消费者带来困扰。正是因为消费者的数据都被掌握，互联网背景下的保险公司可以精准定位，那么更可能会出现公司为了利益而对识别出的高风险人群拒保，做不到像传统保险公司一样“一视同仁”，导致需要得到保障的人最后买不到产品。而且信息时代背景下，消费者每天提供大量的数据，一旦有隐私泄露问题，那么受到损失的一定是消费者。

但是我们也要清楚，任何事情都是有利有弊的。随着互联网巨头加入保险市场，虽然使竞争更加激烈，但是最终受益的会是消费者。

阿里如何雄心勃勃布局保险圈

许 闲 陈昱薇

阿里的保险布局最为深入、全面。作为布局最深的互联网巨头，阿里的步伐从四年前开始就没有停止过。从2013年成立中国第一家互联网保险公司——众安保险，到参股信美相互人寿、国寿产险，再到近期拿到的保险代理牌照以及还有待审批的“阿里健康”，阿里要全方位地在保险业打下基础。

（一）众安保险

众安保险作为“三马”共同成立的互联网保险公司，几年来大幅增长的业绩和其几乎纯线上的经营模式一直吸引着人们的关注。

一是核心业务。与传统保险公司不同的是，众安保险以“生态”为切入点，分别从“生活消费生态”“消费金融生态”“健康生态”“汽车生态”“航旅生态”五个方面提供风险保障解决方案。例如，生活消费生态中，众安保险通过成熟的电商平台，以“迭代+微创新”不断发现并解决用户痛点，推出包括退货运费险在内的一系列电子商务保险，比如卖家缴纳保证金时的“保证金保险”等；航旅生态中，众安保险针对旅行中可能产生的各种风险，比如旅行意外险、航班延误险及航班取消险等，并且与携程等主要互联网旅游代理公司、航空公司及线下旅游代理公司合作，提供因人而异的保障服务，全面提升用户体验。

二是特色业务。除核心业务外，众安保险还推出一系列特色保险，比如结合“基因身份证”推出的儿童防走失保险“童安保”、基于目前社会中银行卡盗刷情况严重而推出的“银行卡盗刷险”、针对电信诈骗案件高发而推出的“电信诈骗资金损失险”、与小米公司联合推出的“手机意外（如屏幕碎裂、被暴雨淋湿及不慎坐坏等）保障保险”，等等。这些特色业务大多数在核心业务生态圈的基础上，结合生活中更为具体的场景实际，进行个性化“保险定制”服务。关注点落脚于生活中发生频率较高、可保障性较强的风险事件，将一些普遍的“困扰”转化成可以通过缴纳较低额度的保费便可得到保障的保险产品，切入用户的实际需求，更容易推广，也更能体现保险“保障”的本质功能。

三是发展定位。众安保险定位于“透过联结生态系统及应用尖端技术重新定义保险”，在未来几年的发展中，将开发创新产品和提供新的解决方案作为重点，更加注重“场景”的运用，不断扩充基于场景的产品组合，目标是使保险产品更多地融入客户的日常生活中。同时，众安保险也在向“寿险”进军，申请寿险牌照以期能够提供寿险产品。

（二）信美相互人寿

继众安保险后，阿里旗下的蚂蚁金服、天弘基金与其他发起会员一道发起设立信美人寿相互保险社，拿下阿里系的第二张保险牌照。

一是核心业务。信美相互人寿聚焦于养老、健康发展需求，产品策略集中于年金、重疾、定寿及意外等保障类产品，借助模式创新和蚂蚁金服提供的云计算、人工智能、大数据、分布式金融级交易架构及移动应用平台五大技术支持，努力推动保险回归“保障”的本质，力争成为“普惠金融”的新样本，可以帮助更多的人。

二是相互保险。相较于传统保险业来说，相互保险不以盈利为目的，而以满足会员风险保障需求为根本的相互保险目前在中国的发展前景相当广阔。相互保险的设立门槛低、比较容易进入，更容易实现保险从发展滞后、有痛点的保险品种切入，从联系密切的群体入手、从互联网互助平台发力；同时，非营利性的相互保险机构能使产品定价更低廉，在行业发展初期具有明显的优势。在目前的行业秩序下，这种“回归保障本质”的保险形式将会受到越来越多的关注和选择。

三是发展定位。作为国内第一家相互制的寿险公司，信美相互人寿从中国保险业“寿险保障严重不足”的最大痛点切入；同时作为有着强烈阿里色彩的公司，信美的发展又与互联网密切关联——信美相互人寿是第一家引用蚂蚁金服区块链技术的保险企业，其核心系统也架构在阿里金融云之上，而拥有巨大的数据优势、场景优势和技术优势的阿里，将其填补 10 万亿元保障缺口的保险热情转化为对信美发展的支持，蚂蚁金服提供的“上云”这一项服务就可以节省 80% 的技术成本；此外，依托大数据分析带来的“精准化”“定制化”的产品，信美将以智能投顾的形式取代传统营销员，尝试将人工智能运用到产品设计和服务环节，使得保险变得更普惠。

（三）国泰产险

国泰产险于2008年8月在上海成立，是中国大陆首家台资财产保险公司。2016 年 7 月，阿里通过蚂蚁金服成为其战略投资人，国泰产险成为阿里布局保险业的第三枚棋子。

一是业务结构。国泰产险官网显示，公司主要经营范围包括责任保险、车险、财险及运输险等；随着阿里的加入，国泰产险成立了互联网事业部，大力拓展互联网业务，积极探索互联网技术在保险中的应用，尤其是对场景化、碎片化的保险需求进行探索，开发出如“账户安全险”“商家保证险”“聚划算参聚险”等系列互联网产品。

二是发展方向。在蚂蚁金服控股之前，国泰产险无论是在知名度还是在市场规模上，都不能算是一家大公司，经营范围包括家财险、企业财险等十余个财险险种。阿里控股后，其旗下互联网平台可以销售的险种就大大增加，这对阿里的保险业布局来说是一种实质性的进展。

（四）阿里健康

阿里系一直在谋求寿险业的布局，阿里健康的官网显示，其目标是“守护 10 亿人，让健康触手可得”，所以阿里健康希望“通过建立合资企业，参与互联网健康保险，以便推动互联网健康保险在医疗行业中起到更大的作用”。但关于阿里健康成立的申请，至今未得到保监会的批复。

（五）保险代理

阿里系保险布局目前最新的一步，是2017年7月蚂蚁金服控股的杭州保进保险代理有限公司获得保监会许可开展保险代理业务。这意味着蚂蚁金服在间接拥有互联网保险牌照和相互保险牌照后，再获保险代理牌照，阿里系已经取得合法的保险中介资质。

综上所述，阿里的目标是打造一个全方位的保险布局，全面进军保险业。在努力争取保险牌照的同时，阿里系保险公司都拥有浓厚的互联网色彩——运用大数据、云计算等科技技术，使用场景化的生态圈支撑，推出碎片化小额便民保险等，展示新一代互联网保险发展的前景和方向。

微保能为互联网保险带来什么

孙泽一

一、微保是什么

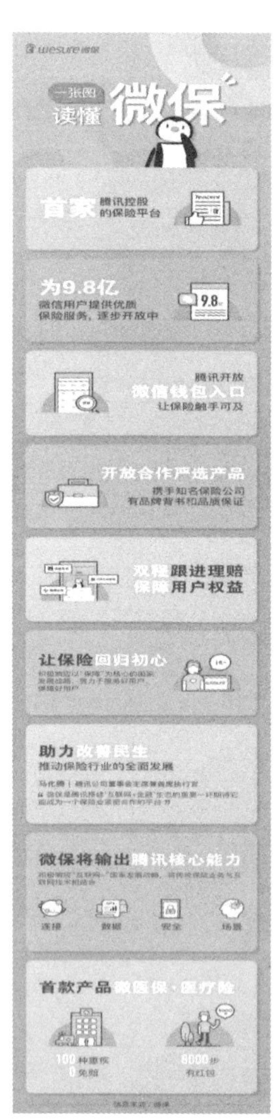

腾讯旗下首家控股保险平台——微保（WeSure），已经被广大腾讯用户熟知。2017年11月，腾讯微保小企鹅上线，最初只有一款微保联手泰康在线推出的健康险服务——微医保。2018年初微保又与人民财险、平安财险、大地财险及安盛太平财险联手推出微车保，包含机动车商业险、交强险及驾乘意外险。腾讯方面宣称，目前微车保仅在限量开放阶段，仅部分用户可以体验。除此以外，微保为火爆手游"绝地求生"量身定制的护眼保险也火热上线。

百万保额、代约专家、理赔省心及持续保障是微医保的四个承诺。微医保的亮点是，对于重疾的强力保障，不仅涵盖范围广、保障额度大，还提供各种贴心的就医服务。

在性价比方面，即使是50岁以上的投保人，只要每年缴纳1000多元的保费，即可拥有包含300万元的一般医疗保障和600万元的重疾医疗保障；而较低龄的用户只需缴纳几百元甚至100多元的保费就可获得以上额度的一般医疗保险和重疾医疗保障。微保也对持续保障作出解释，“可续保到100岁”。

此外，微医保还包括急速赔付、快速就医、押金垫付及专家预约等服务方面的创新，以解剖当下痛点和精准匹配用户需求；同时，微医保还结合微信运动，以 8000 步兑 1 元的方式降低保费；除此外，微保还赠送给 2017 年 12 月 7 日至 2018 年 6 月 30 日投保的用户一张专属洗牙套餐券，享受免费的齿科检查与服务，呼吁用户重视自己的口腔健康。这些方式有助于提升用户对自身健康的重视，带动人们养成良好的健康习惯，实现用户、微保双赢的良好局面。

因此，这是一款限制少、保费低和服务好的短期医疗险，势必会吸引不少用户的关注和投保。

二、微保能为互联网保险带来什么

目前，各大互联网平台相继进入保险业，微保的进入能为互联网保险注入一剂简单化、标准化的强心针。国内另一个商业巨头阿里推出的蚂蚁保险服务，各种保险产品卖得风生水起，涵盖健康、意外、旅行、财产、人寿、车险、乐业、公益及退货运费险九个品种。现在国内大多数互联网保险平台都采用大卖场的形式，在自己的第三方销售代理平台上提供大量不同种类的保险产品，供客户自主选择。相较于蚂蚁保险服务，腾讯旗下的微保目前推出的产品还比较少。这也表明，腾讯要另辟蹊径，走一条精品路线，即摒弃多和杂，通过打造少量优质产品、打造高质量闭环服务吸引目标客户。保险产品与一般的大众消费品不同，它条款复杂，术语众多，专业性要求高，仅仅是保费、保额、投保人及受益人等这些基本术语都会让用户感到困惑。如果把不同险种的不同产品像超市货物一样摆出来，用户往往会由于选择多而无从下手。相反，如果采用精品战略，每个险种针对性地推出 3~5 款精品产品，并尽量简化条款，给予通俗易懂的说明，用户找到合适产品的概率和频率都将大幅提高。这样既缓解了选择难度，又减少了对保险代理人的依赖，还进一步提升了投保体验，降低了操作难度。虽然微保并不是做产品给消费者，只是根据消费者的需求来挑选产品。面对琳琅满目、五花八门的保险产品，如何选择适合自身的产品是一件费时费力的事情，尤其是在我国国民保险的基本素养偏低的环境下，更是难以筛选。微保则着眼这个问题，它替用户作出选择：通过专业人士的筛选，为广大消费者挑选精品险种，将好的东西直接放在用户面前，为消费者节约时间和精力。

表 4–5　BAT 等巨头参股保险公司概况

互联网巨头	参股保险公司	持股比例（%）	业务领域	经营状况
阿里	众安保险	13.82	互联网产险	经营中（上市）
	国泰产险	51	产险	经营中
	阿里健康保险	-	健康险	设立中
	信美人寿相互保险	-	人身险	经营中
腾讯	众安保险	10.42	互联网产险	经营中（上市）
	微民保险代理	57.80	保险代理	开业上线
	和泰人寿	15	寿险	经营中
	英杰华人寿（香港）	20	产险	经营中
百度	黑龙江联保龙江保险经纪	100	保险经纪	经营中
	百安保险公司	-	互联网产险	设立中
东方财富	东方财富保险代理公司	100	保险代理	设立中

资料来源：公开资料整理。

微保能为互联网带来的还有场景匹配的准确度。真实需求与实际购买行为很容易出现不匹配现象，面对消费者确有现实或者潜在的保险需求，互联网保险产品经常因为无法准确地推送而无法满足消费者。保险需求往往立足于消费者的保险意识，而保险意识往往来自于其生活体验中的风险事故。风险事故的结果是这个消费者变成了“非标体”，而“非标体”已经无法在网络上完成产品购买。所以最重要的是帮助消费者进行风险预测，准确推送场景，挖掘潜在需求，满足消费者的现有需求。

腾讯最大的优势便是其用户量，作为中国最受欢迎的社交APP所有者，腾讯通过微信、QQ积攒了大量的活跃用户，2017年，微信月活跃用户量达到8.89亿人/次，大量的活跃用户带来了巨额的数据存量。在这个大数据的时代，谁掌握了更多的数据，谁就掌握了制胜法宝，通过对用户聊天、朋友圈、微信运动及公众号的阅读等的分析，可以给用户标识数以万计的标签，将用户的爱好、风险暴露及生活习惯等方方面面数据化处理。在现阶段的应用上，腾讯可以依据用户数据来分析当前市场上的保险产品，从而挑选出最适合其用户的产品，成为保险业的无印良品。从长远的应用上来看，当微信准备开发属于自己的保险产品的时候，可以通过海量的数据来实现个人的定制化服务，每一个用户都会有自己不同的风险暴露，通过对单个用户的海量数据分析，便可以定性得出特定用户的风险暴露，从而设计出最适合该特定用户本人的保单，提高需求匹配度，促进其购买意愿；由于对风险的准确计量，使得保险业务的风险状况也可以定性分析，为保险业务的稳定性带来巨大的提升。

不仅如此，微保 CEO 刘家明还提到，微保并不是单纯地为用户挑选保险产品，还参与保险产品从研发到理赔的各个环节，联手保险公司共同推出简单、优选的保险产品。如果微保可以做到逐渐整合互联网保险与线下保险公司资源，突出内容标准化、产品简单化及场景针对化的优势，能最大限度地推进保险业的普及发展，给略显疲软的中国市场打一剂“强心针”。

作为商业巨头，腾讯微保能带来的还有互联网保险可信度和信赖度的提升。腾讯是中国互联网三大巨头（BAT）之一，无论是在互联网领域还是在社会上都有着巨大的影响力。如果腾讯能够维护好自己的品牌形象，给用户真正的保障服务，势必可以使其保单呈爆发式增长，同时使整个互联网保险甚至保险业的形象上升，提高民众保险意识和保险素养，让保险深入人心。

三、微保对传统保险业的冲击

数字化时代给保险业带来翻天覆地的变化，身处这个时代，获胜之道在于快速适应时代趋势和积极创新，互联网保险业的迅速发展已经对传统保险业造成巨大冲击，但是这种冲击足够动摇传统保险的地位吗？以这次推出的微医保为例，目前大型保险公司一般都是以大额长期的保障型或储蓄型产品为主，短期医疗险为搭配销售，并不是主营业务。对于微保目前的产品来说，影响微弱，没有冲击传统保险公司的痛点。除此以外，短期医疗险的保障程度和可持续性也是不够的，随着投保人年龄增长，保障需求增长，保费也会增长，性价比逐渐降低。当前大部分人还是很依赖传统保险公司的主流产品，保障期长的产品会更有安全感，到期返本更是满足了消费者的避险心理。而受到互联网保险吸引的客户，也可能形成购买保险习惯，为整个保险业带来收益。这两种产品的关系就像是"租房""买房"，就目前来看，"买房"还是主流需求，"租房"也有转变为"买房"的潜力。因此，微医保的推出并不能对传统大型保险公司的主营业务产生较大冲击，但是不排除随着互联网产品的完善，互联网保险企业会逐步改善产品，蚕食保险市场。

微信推出保险服务平台，对传统保险业和互联网保险来说都是好事。目前我国国民保险意识依然十分欠缺，尽管市场规模增长迅速，但在世界范围内保险深度和保险密度还处于较低水平。保险本身作为一种保障生活、福利社会的产品，仍受到不少偏见，大多数消费者购买最多的还是带有理财性质的产品，而保障型保险产品目前仍处于起步阶段，需求较少，市场潜力巨大。腾讯的加入会优化行业形象，从而加强全民保险意识，促进整个保险业的发展；不仅如此，良性竞争更是有利于行业发展，我们更期待看到整个保险业欣欣向荣的一天。

四、挑战与展望

互联网保险最大的优势就在于海量用户的精准行为数据以及基于这些数

据进行的大数据分析。虽然腾讯在通信、社交领域有着深厚的数据积累，但这些数据并不能完全满足保险业的需求，更多维度的信息如用户健康信息、驾驶习惯等还有待补充。为此，腾讯需要进一步完善自身的数据生态，或与第三方公司合作，丰富数据维度，完成精准分析。

如今互联网保险的竞争越来越激烈，保险产品又是可以快速复制的，产品高度同质化，产品更新迅速，因此靠单一爆款很难获得市场的持续关注。这边腾讯刚推出“微医保”，十天不到，众安保险就与蚂蚁金服保险平台联合推出医疗保障方案——好医保。面对这样的竞争常态，互联网保险靠单一产品很难获得市场持续关注，而应该打组合拳，开辟一条从单一产品到产品方案，从卖产品到卖服务的道路，这才是建立竞争壁垒的正途。比如，现在微保提供的是简单化、标准化的产品服务，按照从单一产品到产品方案的趋势，未来可以发展为家庭产品方案，并将多张保单、多位被保险人的投保及理赔等手续一体化；开发一次事故一键理赔，把风险单位转变为事故单位。微保更新产品，提高服务水平，任重而道远。

为用户定制化保险服务，需要提高场景化和差异化保险产品的设计能力，并进行精准营销，这些都需要与保险公司深度合作才能完成。但是换位思考一下，大规模公司可能有所戒备，不敢与微保这种平台深入合作。因为作为行业龙头，他们并不想最终沦为微保的产品代工厂，失去自己的品牌价值。而小公司可能愿意与其合作，但它们的运营和配套服务能力相对有限，不是提升用户体验、提高产品竞争力的最佳选择。因此如何与实力雄厚的保险公司展开深度可持续性合作，应是微保等互联网保险平台需要面临的挑战之一。

2005 年至 2015 年，中国保险密度增长 5 倍，保费深度翻倍有余，市场巨大，潜力无限，保险牌照千金难求。毫无疑问，微保的发布只是打响了第一枪，腾讯深思熟虑，布局保险业，后续还会有很多动作。短期内我们还看不到互联网保险的颠覆性举动，但行业格局变幻莫测，传统保险公司仍需未雨绸缪，不断思考自己的未来；我们也期待互联网为保险业注入新活力。

阿里系与腾讯系的保险业差异化布局

徐 炜

一、行业布局差异：阿里系具备先发优势

目前来看，阿里系的保险业布局更为全面，兼具广度、深度和速度。从广度上来看，两家公司均通过直接或间接控股多家保险公司和保险中介（见表 4-6、表 4-7），基本囊括了保险业全牌照；从深度上来看，阿里系在持股公司中全部占据第一大股东或者控股股东的地位，而腾讯系除在微民保代占控股地位外，在其他公司则仅是参股股东身份；从时间上来看，阿里系的布局速度明显快于腾讯系，实际上这已经体现在车险市场份额的先发优势上，中金公司 2015 年统计报告显示，互联网第三方平台财险保费市场份额中阿里以 44% 居首。

表 4–6 阿里在保险业的布局

名称	主要业务类型	子公司持股比例（%）	入股时间
众安保险	综合型互联网保险	13.82	2013 年 10 月 19 日
国泰产险	财产保险	51	2016 年 7 月
信美人寿相互保险	相互人寿保险、年金保险	34.5	2017 年 5 月
阿里健康保险	互联网健康保险	20	截至 2018 年 6 月底尚未获监管部门批复
杭州保进保险	保险代理	100	2017 年 7 月
上海蚂蚁韵保保险	保险代理	100	截至 2018 年 6 月底尚未获监管部门批复

表 4–7 腾讯控股保险业布局

名称	主要业务类型	子公司持股比例（%）	入股时间
众安保险	综合型互联网保险	10.42	2013 年 10 月 19 日
和泰人寿	互联网寿险	20	2017 年 1 月 24 日
英杰华人寿（香港）	以互联网保险为主	20	2017 年 1 月 20 日
微民保险	保险代理	57.8	2017 年 10 月 11 日

二、战略布局差异：不同的优势与定位

实际上，两家公司的行业布局的差异背后折射出不同的战略定位与战略优势。

2017 年腾讯在全球合作伙伴大会上发布开放平台的三大战略，其中之一便是“智慧连接”。从实际的产品生态结构来看，腾讯的 QQ 和微信两大流量平台已经更多地扮演着开放接口的角色——吸纳众多“体系外”合作伙伴，与体系内产品一起打造闭环生态圈，提升用户黏度。以微信钱包为例，目前提供的服务分为腾讯服务和第三方服务，而保险服务也将占据腾讯“九宫格”的最后一席。这显然是一举两得之事，第三方服务商获得腾讯的流量支持，腾讯的闭环生态圈也更加完整。因此，腾讯的战略是无比清晰的——做代理、做平台、做连接及做闭环生态圈，这就不难理解为什么腾讯控股微民保险代理而非保险公司。

除此以外，笔者认为这种行业布局的战略选择也是由腾讯的相对优势决定的。我们在看到微信和 QQ 的天量月活用户数时，不可忽略的是，这两款产品的巨大流量归根结底是由其基本的社交属性带来的，我们第一次使用微信是为了社交，到如今每天在微信上做得最频繁的事情也是交流或者逛朋友圈，因此笔者认为对于包括保险业在内的第三方服务商而言，腾讯生态圈的最大价值在于流量和社交属性，而这也是腾讯的优势所在，并且社交属性是其区别于阿里的核心优势。对于保险业而言，流量提供了数据和渠道，而社

交属性则为保险的本质和销售效率赋能，一方面，保险的本质在于群体分摊个人风险，这种群体性本身就契合于社交，例如笔者认为，互助保险便是一种十分契合社交属性的保险品种，微信或者QQ上的朋友、同事及亲戚等彼此之间认可度、熟悉度和信任度较高，完全可以自主在微信或者QQ上建立互助保险，进行风险共担，国外目前已经出现具有社交功能的互助保险产品；另一方面，社交关系中的信任基础将带来营销效率的提升，微信、QQ上的朋友圈实际上就是熟人圈，可以以极低的成本实现高效果的口碑营销、共享传播，并且腾讯建立在社交基础上的生态圈也可以容纳更多的营销场景，例如2017年初，腾讯入股的和泰人寿曾做过一个“两元购买意外险，购买多份送好友”的营销活动，再例如借助于微信运动赠送“微保运动鼓励金”的推广活动。

因此，笔者认为，腾讯的入局会改变目前的互联网保险市场格局，并且也有理由相信和其他保险代理商、平台相比，社交属性使得腾讯在保险代理方面具备更大优势。

对于阿里而言，实际上从阿里系推出第一款保险产品开始就已经决定了与腾讯完全不同的战略。蚂蚁金服副总裁尹铭曾经直言：“整个互联网保险最成功的就是退货运费险产品，其他都是昙花一现，眼看他起高楼、宴宾客，眼看他楼塌了，最后所有产品鸟兽散，就留下了一款。”这句话的正确与否不谈，但他透露了一个事实，阿里系保险的发家产品——退货运费险撑起了阿里保险营业收入的半边天。那么问题来了，为什么把退货运费险作为发家产品呢？又为什么只有退货运费险活下来了呢？前者的答案在于场景化，后者的答案在于保险科技的运用。在阿里电商平台兴起之前，恐怕退货运费险从未出现过；而短短十年间境内电商贸易额翻了上百倍，网购消费者发生的退货事故也相应剧增，而淘宝作为国内最大的电商平台，面临最大的退货运费险场景化需求，自然将退货运费险作为发家产品；而事实上，最初的退货运费险业务是亏损的，但由于阿里掌握着淘宝平台上所有的退货运费记录和数据，在此基础上的大数据运用帮助退货运费险业务扭转亏损局面（最初是利用退货率的动态数据调整不同产品的保费），而大数据的运用标志着阿里系真正开始了向保险科技的转型。如今，蚂蚁金服计划在人工智能、安全风控、物联网、云计算和区块链五个方面发力保险科技，运用保险科技优化用户体验、挖掘短期用户需求大并且赔付率高的新保险品种。

场景化需求、保险科技的运用和积累促使阿里系不仅仅局限于代理保险，也积极尝试运营保险公司业务。笔者认为正是在这种从发家产品就自带基因的影响下，形成了如今阿里系兼具广度、深度和速度的行业布局风格。

三、产品布局差异："保险超市"与"保险精品店"

目前来看，阿里系的产品布局走的是场景化、碎片化和多样化的"保险产品超市"路线。近年来，在保险科技运用的基础上已经实现了更多的场景化、碎片化产品的落地，例如与众安保险合作的网络安全综合险、与国泰产险合作的支付宝账户安全险等。因此，目前支付宝平台在售的保险品种，横向来看，除了传统险种如寿险、车险及意外险等外，还囊括了乐业险、公益险等新型险种；纵向来看，每个险种中不仅包括传统产品，还涌现出多款典型的互联网碎片化保险。

为什么采取多样化、全面化的布局路线，阿里是 BAT 三家互联网巨头中最早布局互联网保险业以及最先完成产品破局的公司，多样化的产品布局有利于最大限度地发挥先发优势，快速建立领先的市场份额和口碑效应，当然能够占领市场份额的制高点也离不开阿里系多年的保险科技积累。

腾讯作为紧随的后来者，其产品布局尚不明确，但从其破局产品微医保来看，笔者还是能"嗅出"一丝差异的"味道"。显然，似乎至少短时间内腾讯并不想开一家"保险超市"，颇有走"精品店"路线的意思，即通过设计少量优质产品、倾注平台全部流量和资源、打造优质闭环以最大限度吸引客户。就"保险精品店"而言，自然要求少而精，但是"少"并不是要求碎片化，相反，基于破局产品的角色而言，必然是强需求的保险品种；同时"精"也不仅仅体现在平台流量和资源的导入，更体现在整个保险流程解决方案的高效、保险服务的高质量上，前者可能需要保险科技发挥作用，后者则需要与下游公司合作。例如，腾讯联合基汇资本、医联等预计将于 2017 年在北京开启首家“互联网 + 实体”的企鹅医院，那么在引进健康险品种时就可以考虑配以医疗资源，从而打造名副其实的精品医疗保险。

从信美相互看国内相互保险发展

蔡　彦

相互保险是指具有同质风险保障需求的个体或者单位，一起订立合同后成为会员，再缴保费所形成的互助基金。该基金将对以下事项所造成的损失承担赔偿责任：合同约定的事故发生；被保险人伤残、疾病、死亡；达到合同约定的年龄、期限等条件。

长期以来国内相互保险政策空白，所以相互保险在中国的发展也并不顺利。2015 年 1 月 23 日，《相互保险组织监管试行办法》的出台，标志着保监会放开相互保险公司牌照申请。2016 年 6 月，众惠相互、汇友建工财产相互和信美相互得到保监会正式批准筹建。众惠相互是针对中小微企业或者个体工商户的信用保证保险；汇友建工财产相互是针对建筑领域的特定保险需求；信美相互针对发起会员等的养老险和健康险需求。本文主要以信美相互为例，聚焦以下几个问题来探讨国内相互保险的发展。

一、公司介绍

信美相互注册地为北京，主要发起会员为蚂蚁金服、国金鼎兴、天弘基金、汤臣倍健、成都佳辰、北京远望、新国都、腾邦国际及创联教育九家企业。除此之外，还有其他千余位一般发起会员的合力支持下设立，初始运营资金达到 10 亿元。

这九家主要发起会员企业中，不乏名气“响当当”的公司：支付宝的前身——蚂蚁金服，出资 3.45 亿元；余额宝的“爸爸”——天弘基金，出资

2.4 亿元；国金证券旗下产业——国金鼎兴，出资 1 亿元；国内保健品——汤成倍健，出资 0.5 亿元。

其实，相互保险牌照一落地，关于这几位投资人的言论就甚嚣尘上了。大家都知道，保监会对于相互保险的定义重点一直放在“公益”上，相互保险没有股本，无法上市；初始营运资金为负债，只能提供一般利率。而信美相互官网上公司使命也赫然写着“让互助精神改变社会生态”。从外部监管要求到内部经营理念，这家公司都和以前冷冰冰的商业保险不同，透着几分“人情味”。而正是这样一家公司，引得“资本大佬”纷纷投资，这不禁让人疑惑其成立背后的动机：是大佬们已经赚够钱了，想要通过“保险公益”回馈社会？还是说这片相互保险市场有着其他未被发掘的吸引力？想解决这个问题，我们需要先来看一看大众眼中的国内相互保险市场是怎样的。

二、市场概况

关于这个问题，其实普遍存在着两种以下截然不同的论点：

一是从一些机构统计的数据来看，相互保险市场发展空间巨大、前景美好。国际相互合作保险组织联盟（ICMIF）的资料显示，到 2014 年，全球相互保险已经覆盖 9.2 亿人，收入达到 1.3 万亿美元，占全球保险市场总体份额的 27.1%。相互保险在法国（46%）、日本（45%）、德国（43%）及美国（37%）等发达国家的占比相当高。2015 年我国保险市场规模位居全球第三，保费收入高达 2.4 万亿元，然而相互保险的市场份额接近于零。国泰君安资料显示，预计到 2020 年我国相互保险市场规模将达到 1600 亿元，占总体保费收入的 3.3%。中金公司资料显示，预计到 2024 年我国相互保险市场规模将达到 7600 亿元，占总体保费保险收入的 10%。

二是在国外，相互保险日渐式微，已经呈现出被淘汰的趋势，因而相互保险应用于国内的意义不大。早在几千年前的古埃及，相互保险已经萌芽，从 19 世纪至 20 世纪末相互保险进入了快速发展期，20 世纪至今，一些相互保险组织转为股份制公司。根据 ICMIF 的统计数据，2007 年后，相互保险业占全球保险市场的份额小幅增长，遏制住了此前数十年的下降趋势。2014年，相互保险占寿险业的份额上升了 3 个百分点，即便如此，寿险相互保险的市场份额远低于 20 世纪 80 年代后期和 90 年代早期 2/3 的水平。相互保险市场登上巅峰之后，多个发达国家出现了去相互化的风潮。

所以，对于国内市场来说，这到底是一片新的蓝海，还是发达国家“玩剩下的”？个人认为，两种说法都有失偏颇，首先第一种论点里两个公司对于未来市场的预测，应该只是先预测保险市场规模，然后由相互保险市场份额占比进行推测的。对于相互保险市场份额的推测，应该大部分是参考发达国家或者类似国家的相互保险市场份额得出的结论。但是，社会性质、监管力度、保险市场成熟度等的不同，都让这些数字失去了其原有意义。第二种论点其实只能说明，如果中国未来的保险市场发展到和发达国家类似的程度，那么相互保险市场或许也会走向衰败，而并不能说明在我国现在的国情下发展相互保险是没有意义的。举个例子，我国寿险痛点在于保障不足，而保障领域也正是相互保险的切入点，但是发达国家并不存在这个问题，所以在我国国情下发展相互保险并不一定毫无意义。

国内相互保险市场的发展走向瞬间又疑雾重重了，这又让笔者很尴尬地发现，分析市场发展并不足以解决刚刚提出的问题，但从另一个角度来说，这又恰恰引出了一个新的问题：在这片不是有显著向好趋势的市场，为什么有这么多资本大佬愿意去投资信美相互？

三、三家相互保险公司成立的目的

既然相互保险的市场不太明朗，又已经被保监会“剥夺”赚大钱的权利，那这三家保险公司成立的目的显然各自不同了，因此也只能逐一分析来探究其背后的“秘密”。

众惠相互，主要目标群体是中小、微企业及个体商户，主营业务是信用保证保险。背后三大投资方中有两个是投资公司（九鼎投资、先锋投资），主要从事私募股权业务。这两者关系顿时显而易见，说得好听一点，成立该相互保险致力于帮助化解中小微企业融资困境；然而说得通俗一点，其实就是为投资方挖掘更多潜在的客户。

汇友建工，是在三家公司中存在感最弱的公司，也是目的最为单纯的公司，更是最契合相互保险理念的公司。该公司专注于建工领域，围绕工程项目的各个环节设置相应的保险产品，致力于让建筑从业人员“抱团取暖”。

资本大佬投资信美相互，其实是关注保单交易背后的协同效应，也旨在创造一条保险生态产业链，打造双赢局面。一方面，作为投资方的3家上市公司中，汤臣倍健专注于保健品经营；新国都的业务领域主要包括电子支付和大数据运营；腾邦国际深耕“大旅游生态圈”，执行“旅游+互联网+金融”战略。这些大公司拥有庞大的客户群体，有利于相互保险公司拓展业务。同时，相互保险的业务拓展又极有可能为其带来增量客户，反过来又可以促进公司固有业务的发展。如果能把信美相互的客户发展成为各投资方公司的客户，也即创造了一条保险生态产业链；另一方面，近几年，阿里系一直旨在建立一个庞大的金融帝国，在保险市场的布局上肯定也不会错过完全空白的相互保险市场。背靠蚂蚁金服和阿里金融云的雄厚技术资源，信美相互既能以移动互联网、大数据、云计算等信息化手段为依托，为用户设计生产更加符合需求的保险产品，也能驱动阿里建立更完善的金融云体系。

四、国内相互保险市场前景

成立相互保险公司的目的不同，股份制保险公司又基本将国内的保险市场争抢一空，那国内相互保险市场究竟前景如何呢？我们再从相互保险公司发展的优势和劣势来分析一下。

相互保险公司有以下几大优势：一是相互保险组织不存在股东，股东和被保险人之间利益冲突也就不存在。二是投保即成为会员，会员享有分红权，避免了代理问题。三是会员往往同处同一行业，关系密切，互相监督，风险共担，利益共享，可以大大降低道德风险。总而言之，即使出于不同的成立目的，在目前监管状态下的相互保险公司也是严格恪守原则的。从投保人的角度来看，相互保险大大减少了投保和理赔程序，产品性价比高，是他们喜闻乐见的。

在交易双方都互相满意的状况下，相互保险公司的发展仍存在许多不确定性，而制约相互保险公司发展的最大问题就是融资困难，只是通过缴纳保费作为公司的资本，不能利用资本市场进行融资，因而缺乏广泛的资金来源。这也是诸多相互保险公司改制成股份制保险公司的一大原因。监管层显然也考虑到了这点，所以在给牌照时，选的三家公司资本实力相对都比较雄厚。所以，对于相互保险公司来说，发展和盈利好像成了两个相互背离的话题，想要增资，就只能通过吸纳更多的保户扩大规模，而扩大规模往往会陷入“保户素质降低”“非法集资”“风险集中”等困境。总而言之，仿佛有一个无形的框架框住了相互保险公司，寻求发展只能是“吃力不讨好”。

所以在这样一个看起来“承保人吃亏，投保人受益”的市场上，成立并且经营相互保险公司本就已经艰难。另外，保监会也一直强调，“对那些打着互助计划名义实施非法经营保险业务的平台，将依法坚决予以打击和取缔”。对互助平台尚且如此，对成立相互保险公司肯定将慎之又慎。从监管角度看，这也是为了防止行业乱象的发生，一旦开放监管，这个市场必定是“非法集资”“投机倒把”的天堂。因此，笔者认为短时间内，国内相互保险市场公司数量不会扩张，甚至互助平台的数量还会出现萎缩。

然而，多个和尚容易没水喝，公司数量的多少，也不能代表相互保险市场的兴衰，公司的质量，才是相互保险市场更应关注的。“主营业务＋协同价值”模式，使相互保险公司能适当规避融资困难的劣势，或许能成为日后相互保险的发展模式。也只有这些资金雄厚的行业龙头，才会通过各种方式建立起相互保险行业新业态。比如，建立和创新更好的产品体系去保障特定人群的利益，利用区块链技术让相互保险市场更透明，利用大数据技术对保险市场进行分析和预测，及时发现潜在风险并且提供保障等。先由行业龙头在这片市场建立起秩序，其后引入中小型公司齐头并进，总比开放市场任由其野蛮生长来得好。

五、总结

最后，总结一下本篇文章的逻辑以及主要观点：

一是从相互保险本身内涵来看，公司背后的成立动机或许并没有那么单纯。从商业股份制保险存在的问题（推销员的狂轰滥炸、烦琐的理赔手续、泛滥的骗保现象）来看，相互保险公司是解决行业痛点的一个很不错的切入点。

二是即使成立动机“不纯”，新兴相互保险公司依然没有忘记初心，也在不遗余力地开拓相互保险市场；或许正是成立动机“不纯”，新兴相互保险公司以后才不会陷入融资困难以致无法维系经营的境地。相互保险公司背靠资本实力雄厚的投资方，“主营业务 + 协同价值”或许可以成为日后相互保险公司的一大发展模式。

三是基于“承保人吃亏，投保人受益”的市场特点以及保监会定义的“公益”性质，在三大公司拿牌照后近几年，相互保险公司也并不会如雨后春笋般地出现，行业龙头将抢占和开拓市场。

四是国内相互保险市场发展暂时不太明朗，无法基于国外的相互保险发展来预测国内相互保险市场的走向。这片市场的未来蓝图，取决于现有相互保险公司的发展策略。而正是这片空白的市场，或许将被大数据、区块链等技术重新定义，从而形成一片新的广阔天地。

第三篇 保险科技产品

共享单车的免费意外骑行险

李文秀

在提倡绿色出行的今天，共享单车的身影已经无处不在。目前市场上，使用量最多的共享单车是 ofo 小黄车。2017 年第一季度共享单车行业市场占有率数据显示，ofo 市场占有率高达 51.9%，摩拜单车以 40.7% 的市场占有率位居第二。

2017 年 3 月，ofo 小黄车接入支付宝平台，用户芝麻信用分数达到 650 分就可以免费骑行并获赠骑行意外险。该险种对用户在扫码开车以及骑行过程中出现意外事故导致的死亡与伤残给付保险金，目前该保险为免费赠送。支付宝的如此做法不禁让人联想到淘宝的退货运费险刚问世时的情形，免费赠险、退货无忧。得益于互联网技术的推广和应用，淘宝收集的店铺退货率、用户行为习惯等数据已达到足够规模。如今，退货运费险已经实施差异化定价。那么，骑行意外险是否有可能成为下一个退货运费险，利用互联网技术实行个性化定价呢?

笔者认为，支付宝通过免费提供给共享单车的骑行意外险，可能对未来的相关保险产品带来进一步的变化。

一是出行习惯判断。利用大数据技术，判断用户常达地点和骑行习惯。收集和分析用户的骑行路线和常达地点，对不同区域收取不同的基础保费；而且，根据用户出行的实时路程与时间，计算出骑行者的实时速度（尤其是在路口时的骑行速度），判断骑行者的行为习惯，得到用户画像，并据此调整保费。

二是实时路况提示。目前，共享单车只能提供附近的车辆信息，并不能提供路线、路段信息。共享单车软件可以与地图软件合作，建立云平台，进行信息共享。利用人工智能技术，共享单车软件可以预测到用户即将抵达的区域，并将该信息传递给地图软件，地图软件就可以事先提供该地区路段信息，并进行实时更新。尤其当骑行者经过车流量大、红绿灯少的路段时，共享单车可以借助地图软件的语音播报功能，提醒用户注意前方路况，尽量减少撞车事件的发生。

三是报修奖励与提示。小黄车经常容易出现车铃不响、座椅不稳及刹车不灵的情况，车辆损坏有很大一部分是人为因素造成的。除提高质量、及时检修外，更应该规范使用者的行为，对用户实行奖惩制度。利用云计算技术可以解决该问题：当用户报修车辆时，记录报修车辆的上一位用户，将其纳入候选黑名单；在云计算技术的帮助下，对候选黑名单中的数据进行实时监控。如果同一位用户多次进入候选黑名单，结合此用户的骑行数据，利用云计算技术建立数据处理模型，可判断该用户是否属于高风险人群并调整保费。

随着共享单车的日渐普及、居民保险意识的不断提高，骑行意外险会越来越普遍。我们既要提倡绿色出行、健康生活，也要平安出行、保障安全。

网络医疗与线上就医：医疗领域的 O2O 服务新产品

—— 平安好医生案例分析

丁　宇

在走向全面小康建设的过程中，我国居民的人均收入不断提高，居民也有更多的储蓄资金用于医疗消费。可与之对立的现实是：我国三甲医院数量有限，医疗资源的供给增速较慢，尤其是有经验的医疗人才的培养周期过长，短期之内供不应求。造成的现状是，三甲医院门诊挂号长期排队，导致患者就医不及时、等待时间过长以及看病手续烦琐、效率低。平安好医生是针对此现象创立的线上医疗服务平台，为用户提供在线咨询、线上挂号、医疗健康资讯、在线购药等服务，旨在为用户省去复杂而又漫长的排队挂号环节，实现医生与患者的无缝快速对接，提高就医效率。

一、平安好医生概述

平安好医生，原名平安健康管家。成立于 2014 年，是平安集团开发出的新型医疗服务 APP，是平安在互联网新型业务方面的牵头人，主要为居民提供医疗咨询方面的服务。

平安好医生于 2015 年 4 月正式上线，一方面为用户提供实时的医疗咨询服务，另一方面其构建了三甲名医团和全职医生团队，以其丰富的医生资源，为用户提供门诊线上挂号的服务。

2016 年，平安好医生也实现了用户数达 1 亿人的突破，也标志着其成为了互联网医疗领域的领头羊和标志性品牌，市场占有率远远超过其他品牌。

平安好医生的APP分为两个主板快：健康板块和医疗板块，用户可以在通过点击屏幕下方的按钮在两个板块之间来回切换。健康板块中包括快速问诊、闪电购药、找名医、健康直播与资讯以及网上商店等服务，能够为用户提供便捷的线上医疗咨询和健康新闻，为医生和用户搭建线上平台，实时互动。医疗板块主要提供在线的医生实时咨询，三甲医院的线上挂号等相关服务。

二、商业模式分析

（一）创办理念

目前人们就医主要面临三大困难：

一是挂号以及排队时间过长，去医院就医的时间成本过高。

二是医疗费用高，包括挂号费、医药费、住院费等复合费用。

三是实时性较差，导致就医不及时。

平安好医生是针对以上三个难点而创立的一站式线上医疗服务平台，针对挂号以及排队时间过长的问题，平安好医生通过与各大三甲医院构建合作关系来提供线上挂号服务，为用户节约了时间。针对医疗费用高的问题，平安好医生提供了大量的线上免费医疗资讯与服务，而且有可靠的信息来源，为低收入患者带来了福音。针对就医实时性较差的问题，平安好医生提供医患在线对接服务，7 天 ×24 小时无间断线上咨询，总有医生为患者解答问题。

平安好医生志在成为家庭终端健康守护者，顾名思义，守护意味着24小时全方位的实时看护，其实时性已经成为领先传统医疗服务行业的一大标杆。

（二）医生来源

平安好医生的医疗团队采用自有全职医生与三甲兼职医生结合的模式，目前平安好医生有 5000 名三甲医院签约医生，同时自聘 1000 名全职医生，医疗团队不可谓不雄厚。

平安好医生拥有的电子处方权，一方面为其节约了处方时间，提高了效率；另一方面，对其在行业龙头的地位起到了很强的巩固作用，使其开出的处方更具有权威性。

最近，胡润研究院与平安好医生联合发布《2017胡润·平安中国好医生榜》，为一些中国医院的医生进行了打分排名，在这次调研中，平安好医生提供的是其遍布全国的医疗渠道网，而这一次的联合发布也为平安好医生打了一个大大的广告，这份榜单较为可观地公布了医生的信息，大大改善了医疗服务行业一直以来存在的极大的信息不对称性，让老百姓们知道，哪些医生可以选，哪些医生经验丰富，这与平安好医生的宗旨是紧密切合的。

（三）O2O 模式分析

从线上到线下这一步，平安好医生与 2000 多家线下医院签订了合作合约，为用户的线下就诊提供了极大的便利。在药房方面，其与华氏大药房合作，在北上广等大城市中已经实现了 1 小时之内药物送上门的高效率配药模式，给用户带来了极大的便利和使用的时效性。

不过平安好医生同时存在 O2O 模式的通病，即闭环不完全。即虽然平安好医生已经较好地完成了从线上到线下的消费引流，但是其线下消费过后的用户反馈收集，以及用户的使用体验分享等 O2O 环节仍然十分欠缺。目前平安好医生的线下用户反馈机制尚不成熟，对线下用户的用户体验、满意度情况及健康跟踪调研等仍有待完善。

（四）合作

前一段时间平安好医生宣布与滙医智能达成合作项目，重点推进医疗人工智能方面的科研与合作，最大化优化用户的医疗体验。

平安好医生的合作公司主要负责信息的采集和分析环节，通过采集用户的声音、心跳、脉搏及呼吸等最基本的数据信息，运用其内置大数据软件进行分析，为用户制定最适合的医疗健康方案。同时人工智能还可以监测用户周围的环境信息，比如雾霾严重的程度、气温变化的幅度及晴雨的变化情况等，为用户提供实时的健康小建议，保证用户在一个更安全、更舒适的环境中生活。

人工智能技术的发展可以有效地解决医疗供给不足的问题，现在人们在医院排队等候医生就诊，未来人们可以通过语音直接咨询人工智能医生，人工智能医生根据存储在信息系统里的治疗方案予以搭配重组，发给用户，这种模式十分适合常见非重疾疾病的诊疗。

三、总结

平安好医生作为初创互联网医疗服务平台，融资方面已经取得较大成功，但是其盈利模式仍比较模糊，在较为可观的营业收入背后，是同样可观的营业支出，这就导致其难以创造利润。其收入来源主要是向用户收取服务费以及会员保健卡和线上医疗保健化妆产品的销售等，盈利模式较为单一。而且鉴于目前中国国民的就医习惯，大多数人更愿意到线下医院就医，大部分人还没有从线下三甲医院就医的习惯转入线上到线下 O2O 的就医模式中去，这也在一定程度上限制了平安好医生这类的网络医疗服务平台的发展空间，我们可以期待在不久的将来，在 O2O 模式能够更好的形成闭环之后，人们的意识与习惯会有所改变，但在短期内这种情况还会延续下去。

平安好医生如今已经成为中国第一大在线医疗平台，目前注册用户已达 1.8 亿户，日活跃用户约 500 万户，日咨询 40 万人 / 次，可以说在行业中的地位十分牢固，难以撼动，这与其背后强大的平安集团的品牌与资源密不可分，虽然起步较晚，但发展迅速，目前可以说整个平台的经营已经成为了行业的标杆。这可以说是平安保险为自己打的一个大广告，虽然平安好医生目前盈利模式还有待探寻，但其产生的品牌效应和广告效应，已经潜在地为平安保险吸引了不少的用户，尤其是平安健康险。二者可以说是互相为对方打广告，互相促进。

我们还可以看出中国网络医疗的发展依旧任重道远。一方面，人们的就医习惯给网络医疗的发展带来了极大限制；另一方面，盈利模式带来的限制使得网络医疗这个新兴产业能否维持下去还有待考察。在当今这个互联网经济飞速发展的时代，我们有理由相信互联网医疗行业有着良好的发展前景和业务发展空间，但是整个行业在中国还处于一个逐渐摸索的阶段，或许需要下一个“马云”型的人物来发掘其中蕴含的无限商机，来引领互联网医疗发展的新潮流。

OK 车险率先拥抱车联网

王广智

2017年5月28日，中国保险学会联合复旦大学中国保险科技实验室共同发布了《中国保险科技发展白皮书（2017）》，白皮书梳理了未来将会影响中国保险业发展的十大重要科技，包括区块链、人工智能、物联网（车联网）、云计算、大数据、无人驾驶汽车、无人机、基因检测、可穿戴设备等，一度引发起社会对于保险科技的广泛关注。2017全球金融消费者研讨会于11月3日至4日在复旦大学举行，OK车险CEO齐石针对OK车险的商业模式和经营理念进行了精彩的介绍，可以说OK车险是现阶段保险企业中技术应用比较成熟的企业。

物联网（The Internet of things，IOT），顾名思义就是物体互联，相对于传统的互联网，它连接的不只是电脑手机终端，而是“things”。车联网（Internet of Vehicles）技术通俗的理解是车辆像计算机和手机终端一样互联，每辆车作为网络中的一个节点，由车辆日常的速度和路线、位置等信息构成的相互交织的网络。车辆运用GPS、RFID、摄像头、传感器及图像处理等技术装置，可以完成对自身环境和状态信息的采集；然后通过通信技术，车辆可以将自身产生的各种信息传输汇集到云端；最终通过大数据等计算机技术对这些车辆的海量信息进行分析和处理，为用户提供终端服务。当前车联网技术有两种收集数据的模式，一种是OBD（On-Board Diagnostics）模式，另一种则是手机车联网。OK车险是典型的手机车联网，而像BAT、乐视及特斯拉这类企业则是技术要求更强的OBD模式。但是，由于OBD模式对于技术要求高，并且对于行业标准具有一定的需求，所以目前使用还并不成熟。而OK车险这类手机车联网企业，运用手机的技术，可以比较轻松地实现早期车联网技术的应用，具有一定的社会意义。

一、OK 车险经营成效显著

在手持终端车联网领域，OK 车险可谓是车险行业从 0 到 1 的先行者。OK 车险是国内首创手机车联网技术并获得国家级发明专利的企业，通过手机 GPS 和传感器模块智能获取用户的驾驶数据，为各大保险公司及汽车行业提供完美的技术解决方案。公司的 OK Drive 技术依托 OK 车险平台自主研发成功，并获得国家发明专利。该技术无须使用车载硬件设备，只需要通过智能手机自身的 GPS 和各种类型的传感器等硬件设备，即可自动读取用户的驾驶行为数据和行程信息，监测用户的驾驶行为，并基于监测到的数据做精准算法，多维度分析评估当前的驾驶行为。

在物联网时代，万物互联，每一个“物体”都会产生自己的数据，如何获取数据进行保险经营至关重要，OK 车险公司可以大量获取用户数据，为公司经营发展、制定产品策略提供数据支持。公司利用像 GPS 等技术通过手机终端实时获取用户的一些驾驶数据，根据公司假定的精算模型，对用户行为进行打分，分数越高就会拥有更多的特权，包括赠送意外险、加油券，保险产品价格优惠等。优惠政策越多就越会激励车主注意自身的驾驶行为，更加主动的提升积分。此外，OK 车险充分利用了公司积累的数据，进行需求分析，相继推出贴条 OK 险、堵车 OK 险等新兴产品。

与行业中金融科技走在前沿的中国平安相比，平安好车主则显得逊色了一些，中国平安围绕广大用户的“医、食、住、行、玩”等生活场景，通过集团旗下的众多软件衔接起来，收集大量的用户行为数据，运用大数据进行分析应用，可以为不同的客户开发涉及衣食住行等各个方面个性化的产品，并且可以进行精准营销、精准定价，降低展业成本。战略规划非常具有前瞻性，但各个战略平台发展容易不够精细、不够主动，更像是传统业务的互联网化。平安好车主更像是平安消费金融大平台中的一环，以提供车险客户的后续服务为主要形式，提高用户体验，增强用户黏性，包括违章查询、道路救援等汽车用户常用服务。总体看来，平安可谓是一种被动的积累用户历史数据的过程。而OK车险主动通过随车手机终端设备实时获取用户数据进行用户需求的经营分析，更加主动的靠近用户，也更加具有创新性。

二、车联网大数据时代，数据、技术不容忽视

一是技术时代的信息数据归属如何界定。在互联网、物联网时代，物体产生的大量数据属于谁，是属于行为数据产生的主体还是属于终端设备厂商或者是软件提供者。理论上应该说数据应该是属于数据产生者。那么，用户在使用产品终端产生数据并在终端汇总后，像OK车险这样对用户数据进行分析是不是应该取得用户的许可？如果未经许可商业企业便可以使用数据，或者数据存储在用户之外，那么每个人都像是生活在科技时代的监视之下。

二是如何有效地保护用户的数据。物联网离不开大数据和云计算技术的支撑，而且云计算服务在提供基础的计算服务之外，还必然的提供了数据存储的服务。云计算中的数据对于数据所有者以外的其他云计算用户是保密的，但是对于提供云计算服务的商业机构而言确实毫无秘密可言。用户数据一旦被用作他途甚至犯罪等，将会对用户造成极大的麻烦。保险公司乃至国家如何保证在充分利用信息数据的同时又能保证公司以及客户信息数据安全是个极其重要的问题。

隐私问题一直以来就是技术时代的问题，2014 年 7 月央视曝光的苹果手机自动定位数据存储，公共场所免费 wi-fi 存在的信息泄露隐患，GPS 精确定位到分米。大数据分析预测所利用的海量数据都是历史数据，但它是否经过用户的允许，如何保证这些隐私的安全和保密就必然成为一个非常重要的方面。所有联网的物体在数据积累留存的同时产生了隐私泄露问题，车联网的应用可能会泄露用户经常性的路线的生活习惯，可能会暴露使用者的职

业和生活规律。所以公司日常的经营活动通过互联网等设备会有泄露商业机密、用户信息等非常大的风险。

三是如何保证技术稳定运行。信息科技时代，与生俱来的就伴随着技术问题，目前互联网的计算机问题包括硬件问题、软件问题、系统故障、非系统故障，而进入物联网时代之后技术问题显得更加重要。无论是感知层、通信层还是应用层发生意外故障，无法及时完整的获取责任范围的有效信息，可能就会导致物联设备无法正常安全的运行，无法保证相关人员财物的安全。例如，汽车定位导航故障可能会无法准确的驾驶车辆，自动驾驶时可能会与其他车辆发生摩擦甚至重大交通事故，尤其是近期各大无人驾驶汽车厂商在实验过程中发生的一些问题，也凸显了技术安全的重要性。

此外，即使产品出厂安全，可能仍然无法保证用户在使用过程中不会出现其他问题，尤其是联网以后的控制终端平台，这在物联网时代可能就意味着控制用户的整个生活。

三、车联网即将来临，传统财险企业应主动应对

车联网技术对交通领域带来变革，新兴技术的发展和应用可能会给整个行业带来颠覆性的革命，而对于保险业可能会是从上至下的各个环节的冲击。

（一）物联网的应用可能导致相当数量传统保险标的的可保风险改变

除具有非常强的主观性的战争外，物联网时代物物互联甚至物人互联，也就意味着传统的标的物不再是单独的个体，也可能还会导致它们的风险极大程度降低，甚至不存在风险。

通过以下几类常见保险进行分析思考：

第一类是火灾及其他灾害事故保险。当进入物联网时代后，各个机器设备互联互通，安保摄像头实时监控，烟雾感应器可以即时感应到周围空气中气体浓度的变化，分析是否有潜在的隐患，并在检测室利用摄像头进行全方位实时监控，依托大数据分析整个系统各个组成部分的异常变动会造成怎样的后果，提前采取相应措施最大可能的将风险扼杀在摇篮中。即便发生火情，

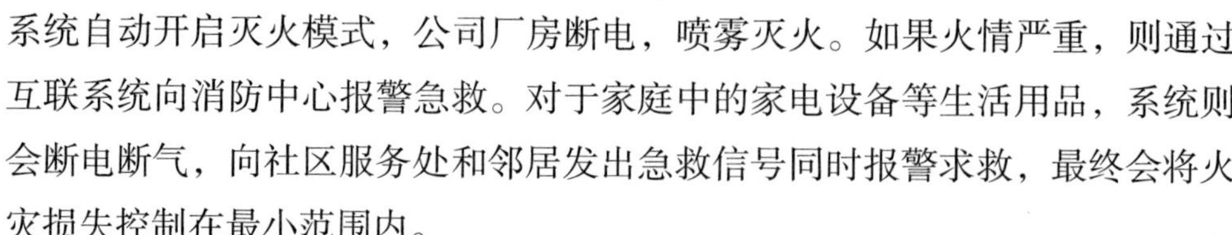

系统自动开启灭火模式，公司厂房断电，喷雾灭火。如果火情严重，则通过互联系统向消防中心报警急救。对于家庭中的家电设备等生活用品，系统则会断电断气，向社区服务处和邻居发出急救信号同时报警求救，最终会将火灾损失控制在最小范围内。

第二类是运输工具保险，传统财险中占比最大的运输工具险可谓是受到多方面冲击。主要表现在当今相当精确的 GPS 定位导航，发达的红外感知技术，汽车无人驾驶技术的实现和道路信息系统。车联网在物联网中发展的尤为迅速和广泛，人工智能、大数据分析能力的运用也更加广泛。可以想象如果所有运输工具具有统一的交通指导系统、定位导航和感知系统，将意味着传统的道路就像是人类的血管，而具备大量数据和云计算处理功能的信息系统作为中央处理器，每辆车作为一个节点，在诸多的通行道路上接受中央处理器的调度。当用户输入目的地后，中心处理系统会在极短时间内对海量数据进行分析预测最畅通、最省时、最低耗的路线供选择。在技术非常成熟后，由于所有的交通工具联网到一起，依托发达的网络和定位技术，可以精确定位周边的车辆和车速，利用红外感知技术与周边车辆保持安全距离，所有的车辆全都遵循系统的安排有条不紊的运行。

（二）传统车险的营销与核赔可能会变得更加高效

当物体互联以后便不再“呆滞”，而是拥有“思想”，可以成为行车途中的通信工具，社交载体，日常行为所留下的痕迹不是无用的，它会对保险人的营销与核赔带来相当大的影响。利用大数据挖掘分析所有目标客户的需求并向其推广相关产品，或者开发相关产品，甚至达到风险产品的个性化定制。提高服务质量，增强客户忠诚度，在降低客户流失率的同时又积极吸引新客户，为公司带来巨大的利润。例如 OK 车险目前的技术应用，通过对某辆车一定时间的行车记录仪等所有的数据进行汇总分析，可以发现车主此段时间的事故状况、行车区间、风险程度，最终确定车主的驾车风格，可以为保险定价提供重要的依据。这也使得保险人更加了解客户的情况和客户的需求，到期提醒客户续保，为车主推荐最实惠、最合适的保险产品。除此之外，对于保险人来说，这一方面大大减少了营销人员的人力成本，另一方面精细化、个性化的服务为保险人提供更多的利润来源。当交通工具出险时，车主的数据上传至保险公司和交通管理部门，通过对事故相关车辆车载数据进行分析，可以辨别出事故原因、事故责任。这既可以减少甚至减除核赔人员、交通管理人员到场勘察节省大量的人力物力资源，又可以提高核赔的效率和更优质的服务。

（三）更加精确的产品定价

首先，公司能够尽可能早的识别传统公司没有发现的可保风险并将其进行商业化保险，可以率先进入市场，或者可以对受到冲击的保险的相关方面进行及时地调整以适应时代发展，可以使公司更具有竞争力。其次，保险公司可以对各方面信息进行数据挖掘，结合模型对客户的需求进行分析，检验产品的可行性，并进行相应的开发。对于已通过可行性分析的产品进行开发时可以建立多个合理的模型进行检验，并运用云计算的超级计算能力对大量数据进行计算检验，对产品进行合理的定价，保证在保护客户风险的同时实现公司利益的最大化。

（四）完善售后服务、增强用户体验、提升客户忠诚度及维持客户关系

首先，保险公司可以与一些物联网制造厂商采取互相持股的方式进行合作，共同研发关于物联网无线设备，包括 GPS 终端、智能家居终端等，建立一个广泛的平台，培养众多的潜在用户。最重要的是可以共享各个终端长时间存留下来的海量数据，数据在大数据时代的价值是不可限量的，产品需求分析以及产品开发等都离不开数据。所以，能够获得足够多的数据才是第一步。在客户挖掘方面，保险公司可以充分利用大数据里所有人群的各方面的信息，结合保险思维，寻找、挖掘和培养潜在客户。可以通过后台终端系统分析预测用户的需求，及时推送相关产品和服务。其次，对于公司的长期用户，可以通过信息技术等先进的手段为客户提供优质服务，在客户购买公司产品的同时，提高客户的用户体验，增强客户忠诚度。

四、物联网时代到来，各方加强联动

（一）政府应该加强政策扶持力度

“新国十条”中明确指出保险的发展原则是市场主导、政策引导。这将使保险成为政府、企业、居民风险管理和财富管理的基本手段，成为提高保障水平和保障质量的重要渠道，成为政府改进公共服务、加强社会管理的有效工具。“新国十条”仅仅从宏观层面对保险业发展做了发展规划指导，具体性的政策文件非常少，这就需要政府增加保险领域创新的文件。此外，世界各国都在推进智慧城市等物联网技术的发展，在发展的同时应该统筹兼顾，积极推进传统行业随着技术革命一起转型升级。

（二）保险公司加强与政府等有关各部门的协同联系

物联网在推动智慧城市建设的同时也推动社会工作的转变，保险公司应该积极加强与相关职能部门合作，资源共享，风险共担。政府可以向商业保险公司购买服务，在公共服务领域运用市场化机制，发挥市场配置资源的作用。一方面，可以使得保险公司从政府获得全面详细的数据，为保险产品的开发、定价提供充足的数据。这可能会涉及各行各业，从交通管理部门获得每人每年的交通数据、从与医院的互联系统中可以得到每人每年各类疾病的花费和疾病发生的概率，而这都是评估被保险人的依据，这是科学合理定价的有效手段；另一方面，保险公司可以尝试与政府合作在风险评估的基础上，尝试将以往属于政府的社会保险部分变为政府与保险公司合作，甚至交由保险公司经营。这样一来可以优势互补，既能利用政府对于群众的信任获得大量保费，社会职能得以更加有效实现，又可以利用商业保险公司科学的风险管理方法进行风险管理，还可以利用保险公司资金管理优势更好的实现保险资金保值升值。

（三）抓住发展的机遇期，开发各类新型产品

鼓励保险产品服务创新。保险公司作为经营风险的专业机构，新技术的应用带来众多风险，这也为保险公司经营带来可能的利润点，要切实增强保

险业自主创新能力，积极培育新的业务增长点。鼓励与支持保险公司主动运用云计算、大数据、人工智能、区块链及移动互联网等新技术促进保险业销售渠道和服务模式创新，提高保险经营的效率。在新时代必不可少的会存在着各种新型风险，比如数据风险、隐私风险及安全风险等，财产保险公司可以组织开发新型保险产品，提高优质服务，扩大市场占有率，促进企业发展。

（四）创新与科技公司合作方式，合作共赢

即使大数据预测准确，物联网技术成熟，保险公司所需要运用的数据都在各个终端提供者的科技公司和产生数据的单位，如何获得这些数据对于保险公司来说也是一个问题。一种形式是创新合作方式，可以采取对一些科技公司控股或者互相持股，这样一来作为一个利益相关体，可以获得相关的数据信息。另一种形式是投资开发新型技术并推广使用，温州医科大学附属第一医院与联想集团签署战略合作协议，成立“温州医科大学联想智慧医疗研究院”，双方机构共同打造“智慧医疗”，以此提升医院的智能化水平。这样可以从技术终端获取相关的第一手数据资料，供研究者使用。双方还可以更加积极主动地探索更加新颖的合作模式。

总体来看，OK 车险率先拥抱了车联网，找到了适应时代发展的营运模式。但是，目前发展还属于初级的、低水平的和不全面的阶段，好在公司管理层也积极制定了更为全面的发展战略。随着技术的进步，具有敏锐嗅觉的 OK 车险会在保险企业掀起一场变革的风潮。

车险精准定价与保险科技
——蚂蚁金服“车险分”案例分析

管云涛

截至2016年，全国共有55家保险公司经营车险业务，其中只有14家实现了承保盈利，剩下的41家均处于承保亏损的状态，亏损的总额达到63亿元，亏损公司数的占比达到75%。显然，车险行业亟须引入更合理的定价方法。

而蚂蚁金服开发的“车险分”产品是一款借助人工智能等技术，根据职业特性风险、身份特质风险、信用历史、消费习惯、驾驶习惯、稳定水平等细分标签对车主进行精准画像和风险分析，得出300分至700分不等的车险标准分的保险科技产品，越高的分数代表越低的风险。

本文在理论层面上探究了“车险分”在车险定价方面可能的优势、不足以及未来发展的可能趋势。

一、“车险分”应用情况

2017年5月25日，蚂蚁金服开发的“车险分”首次投入使用，前期免费开放，首批使用“车险分”的有人保产险、太保产险、国寿财险、中华联合、太平产险、大地保险、阳光产险、华安产险及安盛天平车险9家保险公司。

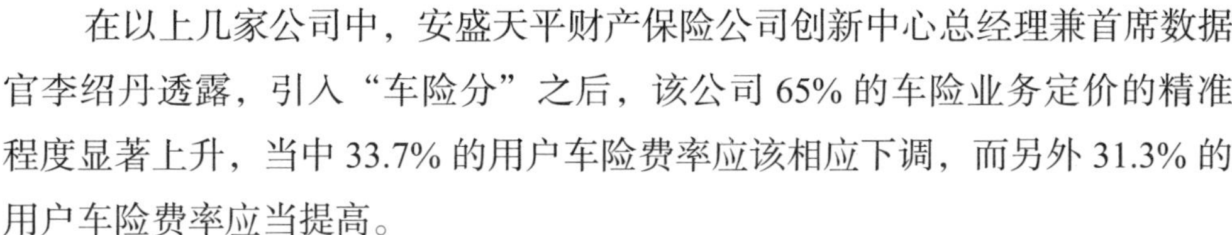

在以上几家公司中，安盛天平财产保险公司创新中心总经理兼首席数据官李绍丹透露，引入“车险分”之后，该公司 65% 的车险业务定价的精准程度显著上升，当中 33.7% 的用户车险费率应该相应下调，而另外 31.3% 的用户车险费率应当提高。

二、浅析引入“车险分”的优势

（一）定价由“从车”向“从人”转变

与最新的商车费改相比，车险定价由“从车”向“从人”转变成为可能。

商车费改之后，影响车险定价的“从车”“从人”的主要因素有理赔记录浮动系数、交通违法系数及自主核保系数。其中理赔记录浮动系数和交通违法系数基本是“从车”的，只有自主核保系数有涵盖“从人”的因素，但是最主要的仍然是行驶里程、车型及车龄等“从车”因素，其弊端是显而易见的。

“车险分”可以对驾驶人的职业特性风险度、身份特质风险度、信用历史、消费习惯、驾驶习惯及稳定水平等进行分析。

比如驾驶习惯，一方面蚂蚁金服可以通过地图服务了解用户出行路线的固定程度，出行路线较为固定的人群往往比出行路线变化大的人群有更低的风险；另一方面，信用越高，发生道德风险的概率越低。

将人群按照“从人”因素带来的不同风险划分并量化为不同的分数，也可以减少承保时的逆向选择。

（二）最大限度地降低获取信息的成本与费用

人工智能和互联网技术的应用使得获取信息的成本大幅度地降低，获取的途径也更为容易，从而保险公司的成本与费用也可以更好地控制。

（三）对中小型的公司有利

中小型公司往往在定价上处于劣势，其能用于定价的样本体量和精算技术能力不足，导致定价能力弱，而“车险分”这样的产品恰好可以弥补其定价能力上的不足，从而更合理地进行定价，因此，“车险分”对于中小型的公司是有利的。

三、对“车险分”的效果尚存质疑

（一）放大逆向选择带来的威胁

在蚂蚁金服发布的新闻中可以了解到，“车险分”的使用需要获得用户授权，这给用户留下了选择的余地。因此车险分高的用户偏向于选择授权使用，而车险分低的用户偏向于不授权，车险行业本来就由低风险人群和保险公司补贴高风险人群，引入“车险分”之后，仅剩下保险公司来补贴高风险人群，这又在一定程度上放大了逆向选择带来的对公司盈利能力的威胁。

（二）“从人”并不一定合理

现实情况是很多的私家车驾驶人员不固定。

一种情形是一个家庭的车对应夫妻两位车主，在这种情况下，从微观角度考虑，家庭会选择“车险分”高的成员投保，从宏观角度考虑，保险公司承保大量这样的保单，实际发生风险的概率要高于保单假设的出险概率。

另一种情形是车辆很可能会被车主以外的人使用，由于他人的风险水平可能高于或低于投保人，大数法则下这种因素对保险公司的影响可能被中和，但对于投保人个体，费率的厘定很可能是不合理、不公平的。

以上因素均会使“从人”的定价方法不能得到很好的效果，也提高了逆向选择的可能。

（三）用于建立“车险分”模型的样本是否足够，数据是否具有代表性尚且存疑

样本风险测度用到的数据，可能有以下几个来源：一是违章等数据；二是来自众安保险或蚂蚁金服控股的国泰产险的事故等数据。

信息渠道的违章等数据并不一定能很好地反映一名驾驶员的风险大小，甚至大部分的驾驶员能熟练地知道如何隐藏自己的违章驾驶行为；信息渠道的事故等数据且不论是否真的存在，即使真的可以通过众安保险和国泰产险获得事故等数据，其样本总量的大小也是值得怀疑的，建立的模型可能存在

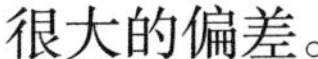

很大的偏差。

（四）“从人”的定价方法不一定能显著改善行业状况

当前，车险亏损的原因是车辆维修体系的不合理。

有数据显示，购买一辆车的各个零部件并组装成一辆车的费用要远远高于买一辆新车的费用，维修费用的虚高才是车险行业亏损最主要的原因，这削弱了“从人”的费率厘定的作用，因此“从人”的定价方法并不一定能改善行业的亏损状况。

四、“车险分”未来的可能趋势

（一）建立有效的反馈机制

一个有效的反馈机制首先可以显著地提高信用成本，这样在保险中的信用记录会被反馈到“车险分”中从而影响未来的费率，这可以极大地降低道德风险发生的可能，同时逆向选择引起的误差也可以在长期的反馈调整中得到修正。

在长期的实践中检验“车险分”数据库和模型的合理性，不断地通过实践与数据库和理论模型的相互作用改善模型，以此实现“车险分”在实践中更合理地给车险保单定价。

（二）缩短过渡期，快速推进“车险分”在车险领域的应用

在这里必须假设“车险分”的确能够使保险公司更合理地定价。

若“车险分”在车险领域的应用长时间局限在少数公司，由于低风险标的更倾向于在应用“车险分”的公司投保，高风险的标的更倾向于在没有应用的公司投保，多数未应用的公司与没有“车险分”存在时的情况相比将接受更多的不良保单，从而面临更大的逆向选择风险，甚至在亏损程度很大时退出车险市场，这一方面直接对这些公司造成不利影响，另一方面会降低市场的竞争程度，举个极端的例子，若形成了寡头垄断的市场，这对消费者是非常不利的。

因此，“车险分”得到显著成效后需要尽快地在整个车险行业推广。

五、总结

无论“车险分”这个保险科技产品是成功还是存在诸多漏洞，互联网保险科技与保险产品的完美结合却始终是我们所处的高速发展时代的强烈要求和信息技术日益发达的必然趋势，其目标是宏伟的，道路是漫长而艰辛的，只要坚持基本思路，不断攻坚克难，无论目标多么遥远，我们总有一天会实现。

我国的保险科技发展还只有一个雏形，蚂蚁金服可以说是走在了国内保险科技的前沿，“车险分”以及之后发布的“定损宝”产品对整个行业来说都是很好的例子，未来也必然会有更加丰富的保险科技产品被研发出来，这个领域的发展有着巨大的潜力。